Nuestros hijos son

espíritus

Nuestros hijos son

espíritus

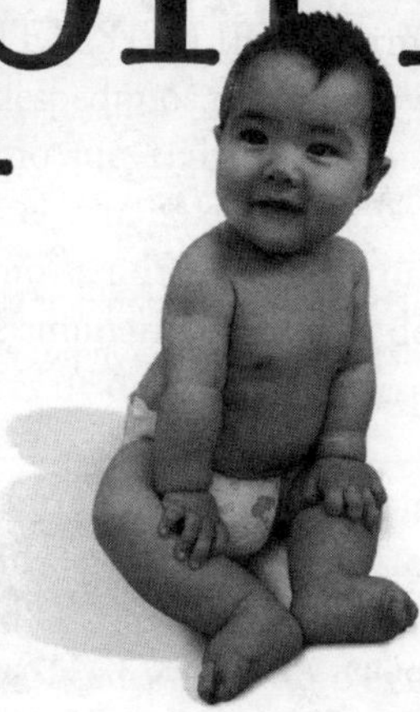

Herminio C. Miranda

LACHâTRE

Derechos de publicación cedidos por el autor a "Instituto Lachâtre"
1a edición Junio de 2012

Instituto Lachâtre
Caixa Postal 164 – CEP 12914-970
Bragança Paulista – SP
Telefone: +55-11-4063-5354
Site: www.lachatre.org.br
E-mail: editora@lachatre.org.br

Traducción por
Lily Domic

Capa
Andrei Polessi

CIP-Brasil. Catalogação na fonte

M642n Miranda, Herminio C., 1920-

Nuestros hijos son espíritus / Herminio C. Miranda. Traducción por Lily Domic. – 1ª ed. – Instituto Lachâtre, Bragança Paulista, SP : 2012.

240 p.

Bibliografia

1. Reencarnacción. 2. Mediumnidad. 3. Espiritismo. I. Lily Domic, *tradução*. II. Título.

CDD 133.9 CDU 133.7

Impresso no Brasil

Presita en Brazilo

Los padres que me disculpen, pero este libro es dedicado, por obvias razones, a las madres.

No menos obvia es la elección de Inez para recibir, en nombre de todas ustedes, este sencillo testimonio de cariño y aprecio. Sin ella no habría sido posible desarrollar, con éxito, el proyecto de traer de la dimensión invisible tres espíritus que queríamos como nuestros hijos a fin de que compartieran con nosotros el privilegio de la vida.

SUMARIO

Presentación

HACE MÁS DE TRES DÉCADAS acompañamos los escritos de Herminio Miranda. Lo situamos entre los mejores escritores espíritas, lo que le da un espacio natural basado en su cualitativo trabajo, cuyos reflejos no quedarán solamente hoy, pero también en el mañana y en el después.

En estas modestas líneas, a guisa de prefacio, estamos informando a los lectores, sin intenciones de elogios personales, un valeroso libro que fue puntillado en sugestivas y bien elaboradas observaciones ante los acontecimientos de la vida. De ahí es que el autor le dio bastante énfasis a los hechos de la infancia y a las memorias pretéritas.

El libro de nuestro Herminio es elocuente ya que alcanza lo social, y más que útil, porque busca la explicación en las razones de nuestra propia vida. Sus palabras, en positivas demostraciones, aclaman a la reconstrucción de la fe, visando sus puros conceptos; algunos movimientos religiosos que debían enaltecerla, la llevaron casi a la ruina.

La meta del libro es más profunda que las ideas por sí solo ventiladas: su ajustada descripción permitirá al lector alcanzar los horizontes de sus demarcaciones psicológicas. Las conceptuaciones simples y clarificadoras son un llamamiento adecuado en el perfeccionamiento de las veredas de nuestras necesidades terrenas.

El autor escribe, tan solamente, con provecho para el lector. Es un don que le pertenece, conquistado en sus múltiples vivencias. Sus pensamientos están colimados en atenciosas y armonizadas propuestas a fin de reactivar la ética ante las falencias sociales, e incluso religiosas de los tiempos actuales. La personalidad del niño fue traducida en sus principios espirituales, lo que posibilita una visión más precisa de la finalidad humana.

En todos los parágrafos se percibe linfa cautivante, constructiva y siempre renovadora, propiciando atenciosa invitación al conocimiento y, más que todo, nos advierte de las responsabilidades contenidas en el camino interminable de la evolución. Los relatos plenos de vida nos hacen comprender, en las razones de la psicología profunda, las raíces del inconsciente o espíritu, con sus sugerencias telegráficas al intelecto físico – la zona consciente o personalidad.

El valor del autor está en la búsqueda constante de un objetivo – el conocimiento de los hechos espirituales que participan de nuestro día a día y que muchos todavía desconocen y no les dan presencia; entretanto, son importantes ligaciones en la línea de nuestras vidas.

El contenido de la obra, al parecer entrecortado por los títulos, posee rica secuencia de bien arregladas ideas dándoles finalidad. Si observamos, con atención, los capítulos del libro, a pesar de sus propios e inconfundibles asuntos, poseen un encadenamiento, cuyo conjunto traduce una auténtica saga. El buen escriba consiguió, de sus historietas, transformarlas en bellas y armoniosas canciones; por hablar a nuestra alma, las baladas compusieron una sinfonía.

Jorge Andréa dos Santos
Rio de Janeiro, 24 de enero de 1989.

Historia de un Libro Inesperado

LOS LIBROS COMO LAS PERSONAS, los bichos, los países, las ciudades y los pueblos tienen siempre una historia. Puede hasta ni ser una entusiasmada aventura como la del pueblo hebreo, pero hay siempre qué contar sobre ellos. Este, por ejemplo, surgió inesperadamente. Por lo menos yo no contaba con él, ni lo tenía en mi programación. Quien lo sugirió fue un amigo muy querido a mi corazón. Sin más ni menos, en el transcurso de la conversación, él me preguntó cierta vez: – ¿Por qué usted no escribe un libro sobre los niños?

Tomado de sorpresa, no tuve mucho que decir en aquel momento. ¿Niños? ¿Yo? ¿Y yo entiendo de niños? Sólo más tarde percibí que, si, era bien posible que yo consiguiese escribir un texto sobre niños. ¿Por qué no? A esa altura, la maquinita de pensar ya estaba rodando en silencio. Cuando me senté para escribir, parece que el librito ya estaba listo en algún misterioso cajón de la mente. Fue surgiendo calmadamente y pasándose para el papel. En poco más de un mes estaba listo.

Otra sorpresa me estaba reservada: el libro tuvo una acogida generosa por parte de los lectores y lectoras. Al llegar a la cuarta edición, encontré que había llegado el momento de hacerle una revisión, acrecentarle algún material y darle un nuevo ropaje, pero, principalmente, aprovechar la oportunidad para testimoniar mi gratitud a los millones de lectores que resolvieron conferir lo que yo tendría a decir sobre nuestros hijos. Parece que les gustó. Es lo que me dicen, personalmente o por carta y teléfono. Y, naturalmente, fue muy bueno saber que a tantas personas les gustó de esta conversación acerca de los niños.

Muchas gracias y que Dios nos bendiga a todos.

HCM
Otoño de 1993

1. Ojos para Ver y Ojos para Mirar

EL DR. PIMENTEL CORTÓ el cordón umbilical, enrolló al bebé en una toalla – era una niña -, la puso cuidadosamente de bruces y pasó a cuidar de la madre, exhausta y dolorida.

Yo tenía 23 años de edad y por primera vez en mi vida se agitaban en mí las poderosas emociones de la paternidad, con todas sus perplejidades, complexidades y expectativas. Me aproximé del pequeño envoltorio sobre la cama para mirar de cerca a mi hija. Pensaba, tal vez, encontrarla dormitando, a soñar todavía con los misterios de sus orígenes. Fue una sorpresa observar que tenía los ojitos oscuros bien abiertos, atentos y accesos a contemplarme de manera enigmática e inquisitiva. Me acuerdo perfectamente de las arruguitas trazadas en la frente exigua, por el esfuerzo que hacía al levantar la cabecita pelada, como si preguntase a sí misma:

– ¿Será que ese sujeto va a ser un buen padre para mí? ¿Dónde está mi madre? Y ahora, ¿Qué van hacer conmigo? ¿Cuánto tiempo voy a quedarme aquí enrollada en este, paño?

Cuanto a mí, no me recuerdo de los pensamientos que transitaban por mi mente, pero sé que eran muchos, y desencontrados. Encuentro hasta que tenía tantas preguntas cuanto ella, tal vez más, no sé. Una cosa era cierta: Ana-María acababa de llegar. (Yo sabía el nombre de ella porque ya lo habíamos escogido con la debida antecedencia. Aunque, hubiese un nombre masculino de reserva, de cierta forma yo "sabía" que sería una niña. Misterios de esos que hoy entiendo mejor de que en aquel entonces.) Que ella había llegado, no había duda, pues estaba allí, ojos curiosos, lista para empezar la exploración del nuevo mundo al que viniera a vivir. Mi duda era otra, o sea, ¿de dónde venía aquel ser? La lógica me decía que si había llegado aquí era porque había partido de algún lugar, de donde estaba antes de venir. ¿Sin embargo, de dónde? Yo había aprendido, en tiempos, ahora remotos, de la infancia, que Dios creaba un alma nuevita para cada niño que nacía, pero yo ya tenía mis dificultades con esas y otras informaciones. No había cómo cuestionar la sabiduría, la grandeza y el poder de Dios, que allí estaban patentados, incluso porque, obviamente, no podríamos, la joven esposa y yo, haber creado aquella personita a partir de la nada. Yo aprendería más tarde que el ser humano descubre cosas, pero no las crea, ni las inventa, y nosotros, ciertamente, no habíamos inventado aquel envoltorio tibio de gente que atentamente me espiaba.

¿Quién sería aquél ser? ¿De dónde venía? ¿Qué pretendía de la vida? ¿Cómo sería ella? ¿Qué papel le cabría, y a su madre, en la vida que apenas empezaba? ¿O sería que no estaba empezando y sí continuando?

Yo no sabía. Pero quería mucho saber, tener respuestas para esas indagaciones y muchas otras, que no me recuerdo o siquiera que hayan sido formuladas, incluso porque, como dije, yo me había sumergido en un torbellino de inesperadas e insospechadas emociones. Estas, con todo, no me suscitaban temores o inquietudes, y sí una extraña alegría, al percibir que también yo tenía condiciones de participar, con mi modesta contribución, de aquel deslumbrante espectáculo de renovación de la vida.

Las dudas quedaban para más tarde. Un día yo sabría, debo haber pensado. Por mientras, había providencias a tomar, en este lado de acá de la vida. Donde los seres llegaron hace más tiempo y andan, hablan, ríen y lloran. Más bien que me gustaría de tener a alguien allí que me dijese alguna cosa sobre lo que estaba sucediendo delante de mí.

Este es, pues, el libro que me gustaría de haber tenido en mis manos, no sólo en aquel distante 22 de agosto, pero antes, cuando Ana-María era apenas proyecto, bien antes que su marcador personal iniciase a registrar el tiempo vivido en la Tierra.

Algunas de mis preguntas todavía tendrían que esperar un buen puñado de años. Otras, creo yo, necesitarán de más algunos siglos, pues nuestro Padre Mayor no parece tener gran prisa en explicarnos aquello que nosotros todavía no tenemos condiciones de entender.

El apóstol Pablo, que sabía de las cosas, escribiendo a sus amigos de Corinto, dijo lo siguiente:

– Y yo, hermanos, no os pude hablar como a (seres) espirituales sino como a carnales, niños en Cristo. Les di leche a beber y no alimento sólido, porque todavía no lo podéis soportar. Ni todavía ahora lo podéis, porque aún sois carnales.

Como los corintos, yo era carnal y encuentro que ni la leche me había sido dada, porque todo cuanto yo podía ver era que, de alguna forma, había un poco de mí en aquella débil bolita de personita, en la espera de que la tomásemos en los brazos y, después, por las manos, le mostrásemos como era nuestro mundo. Y ya se sentía, en las profundidades de la memoria del futuro, aquel día en que ella no precisase más de nuestras manos y partiese para vivir su vida. Nosotros siempre tenemos un poquito. No es que falte confianza, es que paira siempre, ahí por encima, un vago temor de que la hijita aún inexperta no consiga acertar con los invisibles caminos del cielo que ha de recorrer en el vuelo todavía incierto. Pero eso no llegaba a ser una tristeza, porque, al final de cuentas, la vida era de ella y no nuestra, y como yo aprendería posteriormente, antes de que seamos hijos unos de los otros, somos todos hijos de un solo Padre. Y Él ha sido muy competente, pues siempre dio buenos cuidados de nosotros.

No era tristeza; ¡nada de eso! Apenas una nostalgia anticipada, que me acechaba de los dobleces de lo desconocido, tal como los ojitos oscuros de Ana-María. Parece que yo veía, también, en el futuro, unas arruguitas de preocupación. ¿O sería apenas la exaltada imaginación de un joven padre de 23 años, mal salido de su propia infancia?

Sea como fuere, de alguna forma misteriosa e inarticulada, pues no tenía palabras para expresar todo aquello, yo confiaba en Dios y en la niña de los atentos ojitos. Como también confiaría en dos otras personas que, sin yo saber, estaban a nuestra espera, del otro lado del velo, que en aquella altura me ocultaba importantes misterios de la vida. Dios no había juzgado oportuno revelarme cosas para las cuales yo aún no tenía "ojos para ver". Mis ojos eran apenas para mirar...

Ni Dios, ni mis hijos me decepcionaron, porque mucho me enseñaron desde entonces; pero a veces pienso que las cosas habrían sido más fáciles si yo hubiese leído algo parecido con este libretito que el lector tiene ahora en sus manos. Sólo que, si así fuese, yo no habría tenido la alegría de escribirlo y no estaría hoy tan grato a Dios, por haberme permitido hacerlo, y a Ana-María, Marta y Gilberto por haberme enseñado muchas de las cosas que en él fueron colocadas y que, sin ellos, habrían pasado desapercibidas al desatento mirar del apresado viajero.

2. Cosas para Desaprender

LOS NIÑOS NO VIENEN CON esos bien acabados folletos impresos que explican minuciosamente cómo funcionan los aparatos que adquirimos en las tiendas. No traen un manual de instrucciones que enseñe cómo debemos abrir el paquete, sacar el aparato de la caja, instalarlo y hacerlo funcionar. También no traen certificado de garantía que se pueda presentar al representante autorizado, juntamente con la nota fiscal, caso haya algún defecto de fabricación.

Dicen hasta que un joven padre, que acabara de retirar a su mujer e hijo del hospital, lo llevó de vuelta, para reclamar, porque él estaba con una infiltración...

Con el tiempo, vamos aprendiendo a resolver los pequeños problemas que surgen. Y los grandes también, siempre y cuando surjan. Nosotros nos valemos de la experiencia de los más viejos, generalmente una de las abuelas, o ambas, tías, vecinas y, naturalmente, de los médicos, cuando la situación así lo exige.

Para facilitar las cosas, compré el libro de un famoso pediatra de la época, que sustituía razonablemente bien los manuales de instrucciones que acompañan los electrodomésticos de hoy y ayudan a solucionar el prevenir de algunos de los "impedimentos" más comunes. Recibíamos de él enseñanzas minuciosas sobre la manera de cuidar al bebé durante sus primeros días de vida: el baño, el sueño, la ropa, la alimentación, bien como la interpretación de ciertas señales típicas que marcan las diferentes etapas de desarrollo: los primeros pasos, los dientecitos de leche, peso, altura, hábitos de higiene e inúmeros otros indicadores.

Toda esa logística tiene por objetivo proporcionar a los padres un niño sano para que en ella se desarrollen las facultades más nobles de inteligencia, vivacidad y buenas maneras. Para que ella sea, en fin, una persona útil a sí misma y a la sociedad en el cual está empezando a vivir, y en el cual se va envolviendo, cada vez más, en la escuela, en sus diversos niveles, y, después, en el trabajo, en el relacionamiento con la familia, con los amigos y todo lo demás.

Realmente, todos esos elementos son de la más alta relevancia y de inmediata aplicación en aquello que constituye prácticamente un proyecto, que es el de criar un niño proporcionándole todos los elementos posibles a una vida decente, equilibrada, normal y feliz. Eso, no obstante, es apenas parte del problema, una vez que continúan sin respuesta a numerosas cuestiones que pueden ocurrir a la madre o al padre del niño. En suma, tenemos libros de obstetras, psicólogos, psiquiatras y pediatras, pero ¿dónde encontrar obras escritas por 'espiridiatras'?

Mientras el problema consiste apenas en dar este alimento o aquel, dormir en la tarde o en la mañana, vestir o no abrigarlo, ventilar el dormitorio, tomar sol, tratar un resfriado o dolor de estómago, las opiniones varían, pero podemos llegar a un consenso, adaptando a nuestras propias condiciones y, obviamente, a las del bebé. Acabamos acertando con el alimento que mejor "combinaba" con ella, como dicen los americanos, o con sus hábitos de reposo y actividad, bien como el tipo de ropita que mejor le convenía. Pero, y él mismo, como persona humana, como individualidad, ¿cómo es? ¿Por qué es temperamental o apático? ¿Qué lo hace pacífico y sereno o agitado y mal-humorado? ¿Por qué a él le gustan algunas personas y no de otras? ¿Por qué llora tanto o no llora, a no ser excepcionalmente? ¿Por qué le cuesta tanto hablar o andar, o a aprender a leer? Y, más tarde, ¿por qué le gusta la matemática y no las lenguas, o viceversa? Y, por encima de todo, cuando se tienen dos o más hijos, ¿por qué son tan diferentes entre sí, una vez que generados todos a partir del mismo conjunto de genes y criados, en el hogar, bajo idénticas o muy semejantes condiciones?

Finalmente, ¿quiénes son nuestros hijos, o qué representan en nuestras vidas y qué representamos nosotros en la vida de ellos, aparte del simple relacionamiento padres/hijos?

Lejos de respuestas más claras y objetivas, o, por lo menos, de hipótesis orientadoras, lo que observamos, en el día a día de las luchas y alegrías de la vida, es una antología de clichés obsoletos, o sea, ideas preconcebidas y cristalizadas que de tantas veces repetidas asumieron status de verdades incuestionables, que vamos aceptando medio desatentos, sin buscar examinarlas en profundidad.

Por ejemplo: Marquitos "salió" a la forma enérgica de la madre, o Mónica heredó la inteligencia del padre, o el gusto de la tía por las artes plásticas, o, hasta incluso, el temperamento de la abuela Adela.

La primera cosa a desaprender con relación a los niños es la de que ellos no heredan características psicológicas como inteligencia; dotes artísticos, temperamento, buen o mal gusto, simpatía o antipatía, dulzura o agresividad. Cada ser es único, en su estructura psicológica, preferencias, inclinaciones e idiosincrasias.

Solamente características físicas son genéticamente transmisibles: color de piel, de los ojos o de los cabellos, tendencias a esta o aquella conformación física, predisposición a esta o aquella enfermedad, o a una salud más estable, trazos fisionómicos y cosas de ese orden. Cuanto a lo demás, no.

Padres inteligentísimos pueden tener hijos mediocres, tanto cuanto padres aparentemente poco dotados pueden tener hijos genios. Personas pacificas generan hijos turbulentos y, viceversa, padres desarmonizados producen niños excelentes, equilibrados y sensatos. Cualquiera de nosotros podrá citar por lo menos una media docena de ejemplos de su conocimiento para testimoniar la exactitud de esas afirmativas.

Por eso, repetimos, cada niño, cada persona, es única, es diferente y, aunque puedan tener, dos o más, ciertas características en común o muy semejantes, cada una de ellas es un universo propio, como que individualizado. Hasta incluso gemelos univitelinos, o sea, generados a partir del mismo huevo, traen, en la similitud de ciertos trazos físicos, diferencias fundamentales de temperamento y carácter que los identifican con precisión, como individuos perfectamente autónomos y singulares.

Vamos luego, por lo tanto, definir un importante aspecto: los padres producen apenas el cuerpo físico de los hijos, no el espíritu (o alma) de ellos.

Otra cosa conviene desaprender luego, para abrir espacio para nuevos conceptos, más inteligentes, racionales y competentes acerca de la vida. Esos espíritus o almas que nos son confiados, ya embalados en cuerpos físicos, que nosotros mismos les proporcionamos, a través del proceso generador, ¡no son creados nuevecitos, sin pasado ni historia! Ellos ya existían antes, en algún lugar, tienen una biografía personal, traen vivencias y experiencias y aquí aportan para revivir y no para vivir. Entonces, por lo tanto, renaciendo y no apenas naciendo.

Es espantosa la reacción que esta idea simple y genuina ha encontrado para imponerse como la verdad que es. El propio Cristo enseñó que Juan el Bautista era el profeta Elías renacido, aunque no reconocido por sus contemporáneos. En otro pasaje, hablando de Nicodemo, se admiró de que el ilustrado miembro del Sinedrio ignorase la verdad tan elementar, o sea, la de que es preciso nacer de nuevo para alcanzar la paz espiritual, a la cual Jesús daba el nombre de Reino de Dios o Reino de los Cielos.

He aquí, por lo tanto, la pura, simple e incuestionable verdad: nuestros hijos, tanto cuanto nosotros mismos, son seres humanos que ya vivieron antes. Traen en sí todo un pasado más o menos largo de experiencias, equívocos, conquistas, realizaciones y, consecuentemente, un programa a ejecutar en la vida que reinician junto a nosotros. De la misma forma que no nos desintegramos en nada al morir, también no venimos de la nada cuando nacemos de nuevo en la carne. Todo es continuidad, etapas que se suceden, en ciclos alternados, aquí y más allá.

Anoten ahí, por lo tanto: somos todos seres creados por Dios, sí, pero hace mucho, mucho tiempo, y no en el momento de la concepción o en la hora del nacimiento, para "ocupar" un nuevo cuerpo físico. Esta idea constituye la viga maestra de toda la arquitectura de la vida, el concepto director que nos lleva al entendimiento de sus enigmas, misterios y bellezas inmortales. Es, por lo tanto, esta idea, este concepto, esta verdad que escogimos para cimentar este libro, a fin de ordenar lo que precisamos saber – dentro de las limitaciones humanas – para entender la vida y, también, ayudar a aquellos que nos cercan a entenderla mejor. Todo aquello, pero todo realmente, que se choque con la verdad, tiene que ser desaprendido, si es que estamos realmente empeñados en hacer de nuestra vida un proyecto inteligente de evolución rumbo a la perfección espiritual.

Si el bisabuelo Joaquín fue un sujeto tozudo e impertinente y viniese a renacer como su hijo, probablemente usted va a tener un niño un poco difícil e impaciente (a no ser que él se haya modificado un poco en ese ínterin). De la misma forma que, si una persona de buen corazón y pacífica renacer como su hija o hijo, usted tendrá un niño calmo, bien humorado, simpático, desde los primeros momentos de vida, aunque ocasionalmente haga una homérica lloradita si está con hambre, sintiendo calor o frío, o porque desea que sus pañales sean cambiados. ¿De qué otra manera iría a pedir eso? Si le fuese posible hablar, él diría, educadamente: ¿Mamá, usted quiere hacer el favor de cambiar mis pañales? – O: – ¿Usted no está olvidándose de darme la papita de las diez horas?

Déjenme, pues, decirle, para ayudar a armar el esquema de cómo cuidar de su bebé: él es un espíritu adulto, inteligente y experimentado, aprisionado en un cuerpito físico que aún no le proporciona las condiciones mínimas de que necesita para expresar todo su potencial. Esto se dará con el tiempo, como usted podrá observar, a medida que el niño vaya creciendo y revelándose como realmente es.

Entonces, sí, quien diga que él "salió" al testarudo del bisabuelo Joaquín es posible que tenga razón, porque, de hecho, puede ser él mismo, de vuelta. O si él fuese aquel remoto pariente genio que escribió libros, compuso músicas o fue un brillante político, entonces usted tendrá el privilegio y la responsabilidad de ayudarlo a expresarse nuevamente como ser humano; probablemente, en otro campo de actividad.

En verdad, responsabilidad usted siempre tiene, sea cual sea el hijo o hija, brillante o deficiente, amigo o no tan amigo, sano o enfermo, comprensivo o rebelde. Por alguna razón, que un día usted sabrá, él fue encaminado, atraído o convidado a venir para su compañía. Difícilmente será un extraño total, cuyos caminos jamás se hayan cruzado con los suyos, en el pasado. No se olvide de que también usted es un ser renacido.

3. CÓMO REORDENAR EL PENSAMIENTO

VIMOS, HACE POCO, QUE LA IDEA del renacimiento irá a servir, en este libro, para que reordenemos el pensamiento en relación a la vida. Vamos a ver más alguna cosa que necesitan ser desaprendidas para desocupar lugar para lo que se vuelve necesario reaprender.

Por ejemplo, miramos un bebé y luego decimos: – ¡Parece un angelito inocente! – Puede ser hasta que sea de verdad un ángel de bondad y ternura, de sabiduría y amor y, en casos raros, excepcionales, un ser muy próximo de la inocencia, si consideramos esta como ausencia de malicia, no a la pureza de quien nunca haya errado. No aquel que nunca haya cometido algún error, pero el que ya se redimió de los que cometió, ya corrigió sus malas tendencias, ya superó sus deficiencias y alcanzó el Reino de Dios, que es la construcción de la paz en sí mismo.

El niño es un espíritu que nos fue confiado por algún tiempo. Raramente es un ser moralmente perfecto y acabado. No es, también, a no ser en raros casos, un demonio de maldad chocante. Lo angélico y los más tenebrosos grados de desvíos morales son extremos que, al contrario de lo que acostumbramos a decir, no se tocan.

Aquél que recorre milenios viviendo, vida tras vida, en la sistemática práctica del error deliberado, acaba desciendo tan hondo en la escala de valores morales que se queda con un longuísimo y penoso camino a recorrer para retornar. Es difícil, pero no imposible, la tarea de la conquista de la paz.

No hay ángeles ni demonios, apenas criaturas que mucho se perfeccionaron o mucho se desviaron, pero que continúan siendo seres humanos. Las almas o espíritus designados para animar los cuerpos físicos de nuestros hijos son seres en evolución, como nosotros mismos, y a los cuales ciertos vínculos o compromisos nos ligan por esta o aquella razón.

Todos nosotros tenemos incluso que morir, tarde o temprano. En eso no hay que discordar, ni es preciso demostrar tan obvia realidad. Pues bien, muere el cuerpo físico descartable que queda por ahí, enterrado, cremado o lo que sea, mientras que el espíritu parte para el otro lado de la vida. De aquí a algún tiempo – puede ser unos pocos años o algunos siglos –, cuando volvamos a la Tierra para renacer en otro cuerpo, ¿vamos a ser ángeles de pureza o demonios de maldad solamente porque recomenzamos una vida en la carne, en la condición infantil?

Nada de eso. Seremos aquello que fuimos hasta entonces, con todo el aprendizaje anterior, las experiencias, las conquistas y las tendencias que hasta entonces cultivamos, sujetos, no obstante, a una condición limitadora que no tenemos cómo superar por algún tiempo, o sea, la de que no podemos expresar todo cuanto somos y sabemos, a través de un cuerpo físico que todavía está en elaboración, incluso después de desligado del organismo materno.

El niño tiene que hacer el reaprendizaje de la vida, en las condiciones en que renació. Tendrá que familiarizarse con el nuevo cuerpito que recibió, aprender el idioma de su pueblo, bien como retomar conocimientos generales, habilidades manuales, como diseño, escrita, manipulación de instrumentos, aparatos, herramientas y todo lo demás. Tendrá, en fin, que readaptarse al medio a que vino a vivir, bien como a las personas que lo cercan, como padres, hermanos, parientes, vecinos, amigos etc., muchos de los cuales puede ser hasta que ya conozca de vidas pasadas.

Es inevitable y necesario ese reaprendizaje porque el recuerdo consciente del pasado se va apagando, para él, en el momento en que comienza a despertar en el cuerpo físico. La conciencia de un lado de la vida generalmente enciende cuando se apaga la del otro lado. Es como si fuésemos dotados de un interruptor con dos terminales. Al encender una lámpara, usted apaga automáticamente la otra. Para recordarse de su pasado, necesita desligarse del cuerpo físico, cuando duerme, por ejemplo, o está desmayado. En esos momentos, la conciencia no está presente. En verdad, la conciencia no se apaga de un lado para encender el otro, apenas se desplaza de un lado para otro, o sea, va junto con el espíritu, que tiene el hábito de desligarse, parcial y temporalmente, del cuerpo físico que le sirve de abrigo e instrumento.

Esta es más una información que necesitamos tener en mente en nuestro relacionamiento con el niño, durante su fase de aprendizaje, o, como decía Platón, del reaprendizaje, ya que, en el entendimiento del filósofo, aprender es recordar lo que ya se sabía de vidas anteriores.

4. Responsabilidad

YA QUE HABLAMOS EN responsabilidad, conviene acrecentar que una actitud consciente y responsable no debe ser dejada para ser tomada apenas después que el niño nace, pero, por lo menos, nueve meses antes. En verdad podríamos retroceder aún más el alcance de tal actitud, pues la maternidad y la paternidad exigen de nosotros un mínimo de preparo, que, obviamente, no da para ser adquirido apresuradamente en pocos meses.

La generación de un cuerpo humano para que en él se instale un espíritu es una decisión grave, llena de implicaciones y consecuencias. Representa una invitación formal a alguien que ya existe en una dimensión que nos escapa a los sentidos habituales y que estamos proponiendo recibir, criar y educar, ofreciéndole nueva oportunidad de vida.

El bebé no debe ser fruto de una decisión de momento, de un impulso impensado, de una unión fortuita, como que alienada. Hombre y mujer, generalmente jóvenes, que se unen, aunque sea por una única y pasajera vez en la vida, deben estar atentos al hecho de que puede surgir de aquel momento fugaz una existencia para alguien. ¿Hay condiciones razonables para recibir esa nueva persona y cuidar de ella y por ella responsabilizarse, en lo mínimo, por el período de dos décadas? Por encima de todo: el niño es deseado, es bienvenido, hay espacio para él en el corazón de aquellos que están promoviendo su reingreso en la vida terrena.

Si un mínimo de condiciones satisfactorias no existe, dos situaciones de la mayor relevancia pueden ocurrir: o el niño será una persona rechazada antes mismo de emerger del vientre de su madre, o ésta se quedará sentada a recurrir al aborto para librarse de lo que pasó a ser considerado un "accidente" infeliz.

Si usted no deseaba al hijo o se sentía todavía desesperado (o desesperada) para tenerlo, por no tener condiciones psicológicas y materiales satisfactorias, entonces debería haber pensado en eso antes, no después que él está a camino.

No asuma, ante el hijo que está para nacer, una actitud hostil, negativa, de rechazo o de desamor e indiferencia. Si fue iniciado el proceso de gestación, sea cuales fueren las condiciones, alguna razón existe para que aquel espíritu se haya aproximado para acoplarse al cuerpo físico en formación en el vientre de su futura madre. Lo más probable es que se trate de alguien anteriormente ligado a ella o al padre, o, incluso más correcto, a ambos. Se trata de un ser vivo que tiene una tarea a cumplir junto de ellos.

La gestación de un cuerpo físico puede resultar de una aventura irresponsable, pero el espíritu en que él vino a habitar no resulta de un mero juego de imponderables y acasos – es una criatura humana preexistente que se prepara para más una etapa en la carne. No lo despache de vuelta, no comience a agredirlo con pensamientos negativos de rechazo y desamor, no lo hostilice. ¿Usted ya no está lo bastante adulto y físicamente maduro para generarlo? Pues, entonces, debe ser psicológicamente maduro para asumir, ni que sea solo o sola, las consecuencias del impulso inicial.

Vamos a repetir aquí – y lo haremos hasta el agotamiento – el hecho irrecusable de que el niño es un ser humano, con derechos, obligaciones, responsabilidades y planes, como usted, yo o quién quiera que sea. No piense usted que, por ser un mero feto, con pocas semanas o meses de existencia en el vientre de la madre, "aquello" sea apenas "una cosa" viva. Nada de eso, es una persona, tan gente cuanto usted.

Difícilmente usted sabrá, con suficiente precisión, de quién se trata y cuáles son las vinculaciones anteriores que los unen. Puede ser, aun así, algún amigo muy querido de otras eras, que viene para testimoniarle su amor, para ayudarlo en la difícil tarea de vivir, para hacerle compañía, cuando lleguen los grises años de soledad y vejez, o hasta para ser el soporte material de su vida.

Es cierto que podrá también ser el adversario de otrora, que conserva todavía rencores y desafectos por lo que, obviamente, usted le causó.

Viene, no obstante, para que puedan ajustarse en la conciliación, para que se perdonen mutuamente y tengan condiciones de seguir, de ahí en adelante, en paz, como amigos fraternos, o, por lo menos, no más como adversarios.

Sea cual sea la situación, no es por acaso que aquel espíritu se aproxima de usted, en búsqueda de la oportunidad del renacimiento. Sea cual fuere la condición, cabe a los padres asumir la responsabilidad de aquello que, de forma deliberada o inconsecuente, provocaron, esto es, el inicio de un proceso de gestación.

Tendría muchas historias sobre eso para contarles, pero para no alargar demasiado el libro seleccionaré unas pocas, de las más ilustrativas, todas absolutamente auténticas, pues no existe aquí una sola palabra de ficción.

Caso A – La hija recién-casada de un amigo mío estaba teniendo problemas con su embarazo. A pesar de estar deseosa de tener hijos, terminaba abortando (involuntariamente, claro está). Parece que el espíritu (o espíritus) que quería reencarnar estaba un tanto indeciso, inseguro o temeroso. En consecuencia del trabajo en que yo participaba semanalmente en un grupo mediúmnico, supe algo de la historia anterior de aquél núcleo familiar.

En otros tiempos, en Europa del siglo XVI, el actual padre de la joven, mi amigo, había sido una figura de cierta distinción en la política y había recibido para terminar de criar y educar, bajo condiciones que no me quedaron claras, una niña, hija de alguien que confió en él para esa delicada tarea. También no supe, a lo cierto, lo que ocurrió, pero lo suficiente para concluir que el tutor no dio cuenta satisfactoria de su tarea, causando profundo disgusto al padre de la niña. Trascurridos los años normales de la existencia, todos ellos murieron y las cuestiones, bajo el punto de vista humano, quedaron, aparentemente, resueltas, como piensa mucha gente. Pero no es así que se pasan las cosas en el más allá de nuestros insuficientes cinco sentidos.

Pasado el tiempo – siglos, en este caso -, la niña confiada al eminente político renació como hija de éste, como él no había dado cuenta razonable de su encargo de tutor, en Europa, hacía cerca de cuatro siglos, había resuelto asumir la integral responsabilidad de padre de la joven, en una nueva existencia. Ahí fue la vez del antiguo padre de la joven, allí, también renacer como hijo de su antigua hija y, por lo tanto, como nieto del hombre importante a quien él le había confiado su niña. ¿Están entendiendo la trama? Ese fue el esquema armado para resolver el conflicto creado entre ellos y que había permanecido sin solución. El problema es que el hombre se había quedado tan lastimado con la persona a quien le había entregado a su hija que ahora reluchaba en aceptarlo como abuelo. ¿Será que él no iría a causarle otro disgusto? En ese ínterin, la hija de mi amigo se había quedado embarazada nuevamente y otra vez corría el riesgo de perder al niño por un aborto involuntario. Como yo, indirectamente, supe de las razones de todo aquel drama de bastidores, mandé un recado un tanto enigmático para mi amigo, futuro abuelo, pero que él entendió perfectamente. El tenor del recado era más o menos el siguiente:

"Amigo, el espíritu que está para renacer como su nieto se siente temeroso porque, en el pasado, tuvo problemas con usted. Procure "conversar" mentalmente con él, diciéndole que todo pasó y que usted lo recibirá, hoy, con mucha alegría y amor. Dígale que confíe y venga en paz." De ahí en adelante, las cosas corrieron bien. La gravidez tuvo buen término y el muchacho nació fuerte y bonito. Me dijo el abuelo que se dan muy bien...

Caso B – Este fue narrado en el libro escrito por el queridísimo amigo Dr. Jorge Andréa dos Santos, médico, escritor, conferencista e investigador de muchos méritos.

Es la verídica historia de un matrimonio de media edad que, juzgando más que suficiente el número de hijos que habían traído para la vida en la Tierra, resolvió no más enviar "invitaciones" a nadie. La providencia indicada era la de ligar las trompas de la señora, aún con algunos años fértiles por delante.

Por imprevista contingencia, uno de los médicos faltó el día de la cirugía y el propio marido, también médico, fue solicitado a hacer parte del equipo, a fin de suplir la ausencia del colega. Él testimonió, por lo tanto, el vivo, todo el procedimiento operatoria y vio cuando las trompas, después de cortadas, tuvieron las puntas implantadas en el debido local. Ninguna posibilidad había, por lo tanto, de embarazo posterior a aquella cirugía radical. ¿O será que había? Aún hoy no se sabe exactamente lo que pasó, pero lo cierto es que la señora se embarazó nuevamente. Parece hasta que "alguien" promovió la cirugía invisible para restaurar las trompas, cosiéndolas competentemente y colocándolas nuevamente a funcionar para que más un espíritu pudiese retornar a la carne.

Jorge Andréa, autor del relato, sabe hasta de quien se trata, o sea, quien es, o mejor, quien fue, en su última existencia, el espíritu que se ligó a ese cuerpo, generado bajo tan excepcionales circunstancias. Mucho conversaron ellos, mientras el niño era "apenas" un espíritu, del otro lado de la vida.

En verdad muchos de esos entendimientos y "negociaciones" ocurren en los planos invisibles, entre futuros padres y futuros hijos, que participan, en conjunto, de las programaciones y aciertos que dan continuidad a antiguos relacionamientos mutuos que se proyectarán durante todo el futuro. Si todo ocurre bien y si todos tienen bastante juicio, como decía mi madre, el futuro será mejor. Si se repelen o agravan las condiciones del relacionamiento, entonces ¿qué se pude esperar sino un cortejo de dolores y desajustes?

El caso A no es un ejemplo típico de rechazo paterno o materno o, ni siquiera, de la parte del abuelo. El espíritu es el que se mostraba vacilante y receloso de enfrentar las dificultades que, tal vez, ni llegasen a concretizarse.

El caso B, narrado por Jorge Andréa, no fue de rechazo – por el contrario -, dado que el espíritu fue recibido con amor y está siendo cuidado con el mayor cariño y desvelo, bien como respeto por sus excepcionales condiciones de personalidad. Fue apenas un ejemplo de lo inesperado, de los recursos de que se valen los poderes invisibles para interferir cuando les parece justificable y necesario. Se diría que hubo aquí una interferencia con el libre albedrío de la pareja, que, aparentemente, no deseaba más hijos. Pero ¿quién puede asegurar que ellos no actúen, de modo consciente y deliberado, decidido a "abrir excepción" para más uno?

Ya en la Dra. Helen Wambach (Life before life) vamos a encontrar una cantidad de relatos de personas renacientes que se sentían de hecho rechazadas. Debo esclarecer, antes, que la eminente psicóloga americana promovía regresiones de memoria a la fase pre-natal y recogía declaraciones vivas del mayor interés, como aún veremos más adelante en este libro. (Ella murió en 1985.)

– Yo estaba perfectamente consciente [dice una persona] de que mi madre no me quería y me sorprendí y decepcionado al descubrir eso.

– (...) yo sabía que mi madre tuvo vergüenza de mí porque yo era un bebé feo.

– (...) yo sabía que mi madre realmente no me quería, por causa de las inevitables responsabilidades. En verdad yo sólo conseguí entender la tristeza y la desventura de mi nacimiento después de la realización de esta experiencia (la de la regresión de la memoria).

– (...) yo temía las perspectivas delante de mí. Sentía que los médicos y las enfermeras eran impersonales y fríos. Les faltaba compasión por los temores y por los dolores de mi madre. Me acuerdo de la perturbación que me causó esa falta de emotividad por parte de aquellos que cuidaban de nosotros.

Ahí están algunos ejemplos dramáticos de cómo los bebés son gente de verdad, desde el primer instante de vida, que al final de cuentas no es el primero, pero apenas un momento en la continuidad, pues la vida es incesante, es como el flujo de un río y no una poza de agua.

Conversábamos, sin embargo, todavía hace poco, sobre dos opciones ante la gravidez indeseable o indeseada: una de ellas es la desastrosa actitud de rechazo, que acabamos de comentar, aunque resumidamente; la otra, no apenas desastrosa, es criminosa.

Se llama aborto.

Es de lo que iremos a tratar a seguir.

5. UN FRASCO DE VENENO

SI USTED RETIRA EL ROTULO de un frasco de veneno mortal y pone otro, de agua potable, no cambiará en nada el contenido del frasco, que continúa siendo una droga letal. Nada, pues, de eufemismos y medias palabras para intentar esconder una dura fea realidad: el aborto es un asesinato premeditado, que jamás pasará desapercibido a las leyes divinas, que todo rigen. No se debe olvidar, no obstante, de que esas mismas leyes ofrecen los recursos necesarios a la corrección de nuestros errores.

El niño cuyo cuerpito está siendo generado, sea él una mero recolección de las dos o cuatro células iniciales, es un espíritu adulto y consciente, dotado de todo un acervo de experiencias anteriores, vividas en otras existencias terrenas. Si usted interrumpe la trayectoria del cuerpo en formación, ese espíritu, aunque no totalmente ligado al pequeño feto, recibirá el impacto físico y emocional de la violencia y del rechazo. Es como si usted hubiese golpeado la puerta en el rostro de aquel que vino a su solera, en noche oscura, de temporal helado, en búsqueda de abrigo, alimento y calor humano. En búsqueda de acogida y amor que, seguro, usted hasta le debe.

El aborto produce, invariablemente, una secuela de trágicas proporciones y gravedad, tanto para la madre o los padres que rechazaron al espíritu que se preparaba para renacer, como para él, especialmente si él todavía se encuentra en una situación de desequilibrio emocional o mental. Si el espíritu es una persona serena, bien ajustada y amorosa, las consecuencias pueden ser minimizadas, aunque no ignoradas por la ley divina; pero si el espíritu es rencoroso, dado a la violencia y, como ocurre con frecuencia, la pareja faltosa le debe alguna forma de reparación, se precipita, usualmente, un proceso de conflicto, persecución, venganza y obstinación de antiguos rencores, que, en vez de abatirse, resurgen con renovado vigor. Situaciones así pueden durar muchos siglos, hasta que las personas involucradas sean despertadas para la pacificadora realidad del amor fraterno. No hay salida para las situaciones creadas por el crimen del aborto sino por las vías del amor, de la renuncia, de la aceptación. Problemas que podrían haber sido resueltos, no sin dificultades, pero con buenas posibilidades de éxito, persisten, agravados y más envenenados que nunca.

El aborto resulta siempre de grave error de evaluación. La persona que lo provoca, o sea, la mujer embarazada, por su propia iniciativa, el compañero masculino que ejerció su presión directa o indirecta, el médico o la curiosa que lo practica, todos se involucran en las responsabilidades del crimen, cometido, por cierto, contra una persona que no tiene, siquiera, cómo defenderse o, por lo menos, huir – ella es sumariamente destrozada. No que deje de existir, como ser inmortal que es, pero tiene cancelada su oportunidad de una nueva existencia, para el cual ciertamente tiene un programa a cumplir.

Dispongo, en mis papeles, grabaciones y vivencias, de historias dramáticas en torno del problema del aborto. En consecuencia del trabajo de muchos años junto a los espíritus con los cuales mantenemos antiguo intercambio, quedamos conociendo tragedias realmente aflictivas.

Decíamos, no obstante, que el problema resulta de error de evaluación y comentamos el aspecto de que hay un envolvimiento inevitable, de imprevisibles consecuencias, en cualquier procedimiento abortivo. Realmente, las leyes humanas ignoran, toleran o hasta admiten e incentivan el aborto, pero no le retiran, jamás, la condición de un crimen contra las leyes naturales, o mejor, las leyes de Dios, que exigen la reparación para que se mantenga la armonía cósmica en ellas implícita.

Las personas que solicitan o promueven el aborto parecen totalmente desinteresadas de las consecuencias del acto. Sea por ignorar de hecho la amplitud de sus implicaciones, sea porque, aunque sospechando o conscientes de ellas, se obstinan en cometer el delito, que las leyes humanas no configuran como crimen susceptible de punición, a no ser cuando practicado por persona legalmente inhabilitada. Se dice que, en ese punto, la ley "evolucionó", admitiendo y hasta estimulando hoy lo que hace algún tiempo condenaba, incluso en profesionales de la medicina, legalmente habilitados a la intervención abortiva sin causa relevante.

Personas religiosas o francamente materialistas no tienen la menor duda o escrúpulos al extinguir una vida que ensaya sus primeros pasos en el mundo de la materia densa. Para esas, el feto es apenas un conglomerado celular descartable, de vez que todavía no habría sido dotado de razón, sentimiento, emoción e inteligencia. O sea, todavía no es una persona humana, tal como entienden eso. Son muchos, por otro lado, los que no creen de verdad en esa historia de alma, espíritu, sobrevivencia o renacimiento y, por eso, ni están preocupados con lo que pueda suceder. Para ellos, la muerte – del feto o del adulto – es accidente inevitable que encierra, para siempre, la actividad del ser humano, que sumergiría en el pozo oscuro y sin fondo del no ser.

La realidad es bien otra. A cada feto rechazado o bebé estrangulado corresponde a un espíritu vivo, consciente, sobreviviente, inmortal. Muchas veces, el cuerpito en formación no tiene más de que unas pocas centenas de gramos de peso y luego es olvidado, después de haber arrancado o expulsado del organismo materno, pero el espíritu que se preparaba para utilizarse de aquel cuerpo continúa vivo y consciente, en alguna dimensión de las muchas realidades invisibles que nos cercan por todas partes. Él estará allá, en la espera de aquellos que le negaron la sagrada oportunidad de la vida, sino con una actitud agresiva y amenazadora, por lo menos con la mirada perpleja y el dramático silencio de la censura o de la amargura.

No pocas veces, empieza a perseguir y atormentar a sus asesinos, mientras esos todavía se encuentran en la Tierra, dando continuidad a la vida física y, quien sabe, promoviendo otros abortos contra otros espíritus o hasta contra el mismo que, por ventura, haya vuelto para una nueva tentativa.

Este es uno de los errores de evaluación – encontrar a la persona que aborta que, removido el feto, estará libre para siempre del problema, porque aquello es apenas una bolita de carne aún disforme.

Pero yo decía hace poco que dispongo de declaraciones impactantes de espíritus que se dejaron involucrar en ese trágico equívoco. Como no disponemos de espacio para relacionar algunos de ellos, creo oportuno optar por el relato de apenas uno, además publicado en la Folha Espírita, de São Paulo, de donde el lector interesado podrá recatarlo si desea conocer mejor los detalles.

El espíritu que nos vino a contar este caso era el de una mujer. En la existencia anterior, había abortado sistemáticamente todas las veces que se embarazaba. En el tipo de actividad profesional que había ejercido, entendía que los hijos no pasaban de estrobos a ser removidos con la posible presteza. ¿Cómo ella iría a cuidar de ellos? ¡En el sacrificio diario y nocturno, cansándose, envejeciendo, estragando las manos y, principalmente, el cuerpo, que era su más precioso patrimonio! Nada de eso. Le pareció más cómodo eliminar luego los bebés, así que daban inicio a la formación del cuerpito a ellos destinado, o más tarde, en algunos casos, ya nacidos.

¡Fueron ocho en total! Al retornar al mundo espiritual, pues todos nosotros morimos inapelablemente un día, los encontró allá, a su espera, y fue recibida con inesperada hostilidad por parte de ellos, todos sublevados con su actitud criminosa, que les había cancelado sumariamente las expectativas de vida que nutrían.

Mucho tiempo se quedó a merced de sus rencores y agresividades, pues Cristo no dijo que ¿aquél que erra queda esclavo del error? Y que de allá, no sale mientras no paga el último centavo de la deuda. Es deuda realmente, igual a cualquier otra en el plano terreno. Sólo que esta, mismo dispuesto a pagar, no lo libra del cautiverio; usted la rescatará, con su trabajo, sus cansancios, sus lágrimas, para que un día vuelva a sonreír, después de haber reconquistado la confianza de aquellos ante los cuales falló.

Para acortar la historia: la joven fue socorrida, en el mundo espiritual, comprendió la extensión y gravedad de sus errores y decidió aceptar (¿qué otro remedio tendría?) las condiciones que le fueron concedidas, pues nada es impuesto, a no ser en casos extremos. Las condiciones eran las siguientes: ella renacía en una familia pobre, en Argentina, primera hija de un matrimonio. El padre, desajustado, sería un alcohólico de difícil recuperación (ella misma lo había desencaminado, en existencia anterior). Después de ella, nacerían todos los ocho espíritus que ella había recusado por los abortos practicados en la vida anterior. En seguida, la madre de ella y de los demás niños moriría, dejando con ella la responsabilidad de criar, con el sudor de su frente y el trabajo de sus manos, los ocho hermanos que ella había rechazado como hijos. De contrapeso, quedaba, todavía, el padre-problema, antiguo amante, igualmente rechazado.

Sería bella y saludable, pero su situación no le permitiría casarse, aunque tentada por el asedio de más de un pretendiente. Si lo hiciese, desorganizaría todo el plan asentado. Su tarea era realmente la de criar los niños que otrora recusara. Lo que habría sido bien más fácil antes, pues en aquel tiempo disponía de recursos materiales, tendría que ser hecho ahora, literalmente, con sangre, sudor y lágrimas, mismo porque sus hermanos – a excepción de uno de ellos – todavía veían en ella la madre asesina de otrora, no la hermana sacrificada de hoy, que todo hacía para que sobrevivieran juntos y honestamente.

Para ese proyecto, de dificilísima ejecución, ella contaría con dos importantes auxilios: el de la madre, antigua compañera espiritual suya (ya había sido madre en otra oportunidad) y que se propuso a venir a tenerla, por ella, los hijos que ella había recusado; y el hermano mayor, el segundo de la serie, que, a despecho de haber sido también rechazado por ella, no le guardaba rencor, por ser un espíritu más equilibrado y evolucionado.

A alguien que le explicó todo ese plan de recuperación, ella le preguntó:

– Pero ¿por qué no me dejan casarme y tener normalmente los hijos, en vez de tenerlos como hermanos-problema, tan trabajosos y hostiles, sin el apoyo de un marido?

Esto no era posible, le explicaron, primero porque ella necesitaba criar los niños con su trabajo personal, que les había recusado anteriormente, y no con el trabajo eventual del marido. Segundo, porque los espíritus de los hijos rechazados todavía sentían por ella mucha amargura y hasta rencores no superados; la gestación de ellos crearía dificultades insuperables. A la vista del antagonismo hijo/madre, muchos podrían abortar repetidamente, frustrando los planes de reconciliación.

Estaba, pues, colocada frente de una situación inescapable. Podría, claro, recusar todo aquello, pues todavía le restaba el sagrado derecho del libre albedrío, pero eso representaría apenas un aplazamiento envuelto en un agravamiento de los problemas, que permanecerían sin solución. ¿Hasta cuándo? ¿Más un siglo, o cuatro, o un milenio? Además, ¿cuándo sería posible reunir nuevamente, en un solo punto, todos los personajes de la trágica historia y encaminarlas a la recuperación?

No, había, pues, alternativa más aceptable o más suave. Ella suspiró hondo y se conformó. Delante de ella se desdoblaban las imágenes de un futuro que, prácticamente, ya existía, pero que todavía estaba por vivir. Ella podía verlo y sentirlo en las manos, que el rudo y exhaustivo trabajo consumirían, en el bello cuerpo que las fatigas deformarían, en sus frustraciones, en sus ansias y renuncias, en el desencanto de una vida de prisionera, atada al peso de tantas responsabilidades, en el desamor e ingratitud de los hermanos hostiles, siempre cobrándoles más de lo que ella podría darles, en las agonías y angustias de la soledad en el medio de tanta gente llena de rencores, que le cabría convertir en amor, entendimiento, comprensión y perdón.

Esta es la historia de la querida amiga. Ella lloró conmigo una lágrima de arrepentimiento y sonrió una sonrisa mojada de esperanza. Nos despedimos como padre e hija, pues ella soñaba, todavía, nacer por aquí mismo, donde pudiese, sino ser mi hija, por lo menos encontrarme para que también pudiese ayudarla en sus dificultades, pues confiaba en mí y en los demás compañeros. Yo la recibiría de corazón abierto, porque su historia me conmovió, pero ella tiene un programa a cumplir y yo ya estoy viendo, en el horizonte de esta existencia, el destello deslumbrante de la puesta de sol...

Si la lectora o el lector, dispone de un momento, haga por ella una oración conmovida para sustentarla en sus luchas regeneradoras.

Debo acrecentar, para esclarecer, que esta narrativa fue escrita y divulgada a pedido del propio espíritu para que otras mujeres supiesen – dijo ella – un poco más a respecto de la tragedia del aborto.

Reitero la observación inicial de que las leyes divinas están siempre listas a ofrecernos oportunidades de rescate y reajuste; ellas no son punitivas, y si educativas, pero que son severas, son.

6. ¿Hoy o de Aquí a Muchos Halleys?

EL LECTOR O LA LECTORA DESHABITUADA de ciertos conceptos que estamos aquí utilizando – espíritu, alma, renacimiento, inmortalidad y otros – puede estar pensando que no hago más de que propaganda de mis ideas, quedando para segundo plano la historia de ayudarlo a entender mejor ese gran misterio de la vida que es el nacimiento de un niño y su crianza. "Esto no pasa de predicación espírita", usted puede estar pensando.

Vamos a esclarecer primero este aspecto, para que podamos seguir adelante.

De hecho, soy espírita, pero no es por eso que estoy escribiendo tales cosas, y sí porque la verdad es exactamente así y no sería honesto de mi parte pensar una cosa y decirles otra. También soy padre, mis hijos también tienen la madre de ellos, y ya comienzan a tener sus propios hijos, mis nietos. Sé muy bien como esas cosas son importantes y que, en hipótesis alguna, deben ser objeto de especulaciones ociosas, mentiritas y medias verdades. El puro y simple hecho es que tanto mis hijos como los míos son gente de verdad, que ya existió antes y va a continuar existiendo después de que nosotros muramos, y ellos también. Admito hasta que usted, lector o lectora, no esté preparado para concordar conmigo. No importa. No vamos a dejar de ser amigos y de respetarnos por causa de eso. Inclusive porque, no importa. Si la cosa fuese mentirosa, yo no estaría ganando nada con ella. Siendo verdad, como es, da lo mismo creer como no, aceptar o no, concordar o discordar, un día llegamos allá, pues la verdad es paciente, tanto cuanto la caridad, como decía nuestro Pablo.

Es correcto que ya hay más de un siglo que los espíritas vienen hablando casi solos acerca de tales cosas, como reencarnación, por ejemplo. La idea ni es nueva, ni fue inventada por el Sr. Allan Kardec. Puedo garantizarles hasta que el profesor Rivail – que era ese el nombre de él – costó un poco a aceptar esa información, que le parecía un tanto extraña. Pero es como estaba diciendo hace poco: cuando una cosa es verdadera, terminamos llegando allá. Como el profesor era un hombre culto e inteligente, llegó más deprisa de lo que sería de esperar en una persona con falta de preparo. Al final de cuentas, la verdad es siempre una cosa inteligente y, cuanto más nos cuesta de comprenderla y aceptarla, más tiempo perdemos, vagando por los atajos de la vida. Pasados los años o los siglos, un día nos convencemos, miramos hacia atrás y pensamos, allá con nuestros botones (si todavía los tuviéramos): "¡Ah Dios mío, cuánto tiempo perdido!".

Y ahí paramos para pensar y vemos que lo mejor es comenzar luego el trabajo que ya podría estar listo hace muchas y muchas lunas... O, quién sabe, hace muchos Halleys, una vez que cada cuatro Halleys suman cerca de 300 años, o, para ser más exacto, 304...

Mi propuesta, para usted que me lee, por lo tanto, es la siguiente: usted tiene todo el derecho de rechazar todo esto, cerrar el libro o hasta botarlo, pero, si lo hace, guarde bien en la memoria ese día, porque irá a lamentarlo en algún punto futuro, en desconocida encrucijada de tiempo, y espacio. Estoy cierto de que no va a ser un momento muy alegre, porque usted estará muy enojado consigo mismo. Y más: bótelo de una forma que alguien pueda tomarlo. Tal vez el libro acabe en las manos de quien ya esté listo a aceptar la verdad que usted rechazó.

En suma, si la cosa es espiritismo o no, no viene al caso, lo que importa es lo siguiente: ¿esto es verdadero o no? Yo digo que sí, pero no apenas yo, son muchos.

A esta altura de la vida, no son solamente los espíritas que están hablando de tales cosas. Y es ahí que yo estaba deseando llegar.

Dejemos, por un momento, los conceptos tomados de la literatura espírita y vamos al libro de la Dra. Helen Wambach, sobre el cual hicimos ligera referencia hace poco.

Antes, déjeme explicar que esa señora era una psicóloga americana, debidamente acreditada por su PhD, y que por el proceso de la regresión de la memoria consiguió reunir el más importante acervo de datos científicos acerca de los antecedentes espirituales del ser humano hasta ahora.

La regresión de la memoria consiste, básicamente, en colocar una persona en transe hipnótico o magnético y hacerla retroceder, gradualmente, en el tiempo, en la búsqueda de recuerdos del pasado. La persona comienza a recordarse de cosas recientes, pasa por la juventud, infancia, va al momento en que nació, al tiempo en que estaba todavía en el vientre de su madre, al período en que vivió como espíritu y, finalmente, a las vidas ya vividas, por ahí, en ese mundo grande de Dios.

El lector interesado podrá leer mi libro La memoria y el tiempo, en el cual el tema es tratado con la amplitud necesaria a un conocimiento más profundo de lo que sería posible aquí.

La técnica de la inducción de la Dra. Wambach consiste en proponer al paciente una "reducción de su potencial eléctrico de las ondas cerebrales a cinco ciclos por segundo". Según ella, aunque el paciente no sepa, a lo cierto, de qué se trata, su "mente interna" lo sabe. Yo diría que es el espíritu que sabe, pero eso no importa mucho.

Después de obtenido el deseado estado de inducción y relajamiento, ella da inicio a su bien elaborada técnica de colecta de datos.

Es sobre el libro de ella, intitulado en inglés Life before life, que vamos a conversar en los siguientes capítulos, dado que, conforme combinamos, usted, lector, y yo, autor, quedamos de priorizar datos no oriundos de la literatura espírita y sí de libros puramente científicos.

7. Nacer es que es el Problema, y No Morir

LAS EXCELENTES INVESTIGACIONES de la Dra. Wambach fueron montadas encima de las siguientes preguntas básicas, formuladas después que la persona retrocede al período inmediatamente anterior al de su nacimiento:

1) ¿Fue suya su decisión de nacer?

2) ¿Alguien lo ayudó a decidir? En caso positivo, ¿cuál es su relacionamiento con el consejero?

3) ¿Cómo usted se siente ante la perspectiva de vivir la próxima existencia?

4) ¿Hay alguna razón por el cual usted haya escogido nacer en la segunda mitad del siglo XX?

5) ¿Fue usted que escogió su sexo? Si fue, ¿por qué usted decidió ser hombre (o mujer)?

6) ¿Cuál es su objetivo en esta vida?

7) Caso usted haya conocido a su madre en alguna existencia anterior, ¿qué tipo de relacionamiento tuvieron?

8) ¿Y su padre? Si usted lo conoció en alguna existencia anterior, ¿qué tipo de relacionamiento tenían?

9) Concéntrese en el feto. ¿Usted siente que está dentro de él, o fuera? ¿O entrando y saliendo? ¿En qué momento su conciencia pasa a funcionar en el feto?

10) ¿Usted tiene consciencia de las actitudes y sentimientos de su madre poco antes de usted nacer?

11) ¿Qué sintió usted al emerger del canal del nacimiento?

Como se puede verificar, la Dra. Wambach no está fantaseando, ni dirigiéndose a una "cosa", a una abstracción o hipótesis, ella está hablando con una persona normal, inteligente, consciente, responsable, capaz de observar, concluir y exponer sus ideas coherentemente, como cualquier adulto razonablemente sensato y equilibrado. Ella no se dirige a un bebé que acaba de ser creado y que, por lo tanto, no tendría conciencia anterior de sí mismo, ni cualquier tipo de relacionamiento con madre, padre y otras personas.

Es una persona que sabe decir si decidió espontáneamente vivir otra existencia en la carne o si fue inducida (o hasta forzada) a hacerlo. Se recuerda de las personas con las cuales conversó, programó su vida y se aconsejó cuanto a sus objetivos, necesidades y proyectos. Es alguien que ponderó seriamente acerca de las responsabilidades de una nueva existencia; que por alguna razón personal, bien clara y explícita, resolvió nacer en esta época y no antes o más adelante; que decidió por un sexo u otro, también por opción consciente; que, usualmente, conoce, de otras vidas, su madre y su padre y con ellos ya mantuvo relaciones de parentesco, amistad o hasta discordias que necesitan ser sanadas; que tiene consciencia de su ligación a un feto, o sea, a un cuerpo físico en formación. Más que todo eso, todavía, tiene condiciones de captar, por algún proceso aún oscuro, los sentimientos de su futura madre, de su padre y demás personas, con relación a él, espíritu renaciente. Y que, finalmente, es capaz de observar todo el proceso, analizarlo con perfecta lucidez y concluir, ordenadamente, lo que encuentra de todo aquello.

Creo que necesitamos examinar con más lentitud algunos de esos datos científicos, una vez que son demasiado importantes para que nos refiramos a ellos apenas en dos o tres frases apresuradas. Las informaciones en ellos contenidas son de vital significación para todos nosotros y, por eso, propongo que conversemos más adelante sobre el asunto. Antes, todavía, parece oportuno dar una mirada en algunos datos estadísticos tomados por la brillantísima Dra. Helen Wambach.

Noventa por ciento de sus pacientes se sumergieron en este fantástico depósito de recuerdos y emigraron con algunas sorpresas para sí mismos y para la competente psicóloga. Una de ellas: la de que morir es hasta que es bueno, nacer es que no es nada interesante. "Las dos muertes que tuve, en las dos vidas (que me recordé) esta noche, fueron experiencias muy agradables", escribe una persona. "Nacer es que parece una tragedia".

¿Quién diría, eh?

Otra inesperada información para la Dra. Wambach: la de que ni un solo de sus 750 pacientes (en aquella altura) sentía que el "verdadero ser interior de cada uno fuese masculino o femenino". Lo que nos lleva a la evidencia – por mí referida en El espiritismo y los problemas humanos – de que la libido es una forma de energía y el sexo, en sí mismo, la resultante de una polarización de tal energía.

Expongamos más una de las tales informaciones/sorpresas: la conciencia de cada ser no proviene del feto, no hace parte integrante de él; apenas está en él. "Ellos existen, totalmente conscientes, como entidades independientes del feto". En realidad el "cuerpo fetal es restrictivo y limitador", y muchos preferían "la libertad de la existencia sin el cuerpo". En otras palabras, era mejor no haber nacido.

El recién-nacido "se siente como que segregado, reducido y solitario, en comparación con el estado intermediario entre una vida y otra". Pero, volvamos a los datos estadísticos.

1)81% de los pacientes dijeron que ellos mismos habían decidido renacer. 19% afirmaron que no tenían recuerdos de ninguna decisión o que no se les había ocurrido decir nada, cuando cuestionados con relación a ese punto.

2)Del total investigado, 68% se declaraban reluctantes, tensos o resignados ante la perspectiva de vivir nueva existencia. Solamente 26% consideraban la nueva oportunidad con cierto optimismo, pero, curiosamente, no estaban interesados en hacer de la vida un continuo flujo de placeres y, sí, nutrían esperanza de alcanzar alguna conquista evolutiva.

3)90% de los pesquisados informaron que las muertes fueron experiencias agradables, pero que los nacimientos constituyen momentos de desventura y tensión.

4)Además cuanto a los objetivos planeados para la vida a ser vivida, no observó la científica ningún proyecto especial de desarrollar talentos o facultades, pero, "prioritariamente, aprender a relacionarse con los otros y amar sin ser exigente y posesivo". De este grupo, 28% tenían conciencia de haber traído una especie de "mensaje" a la humanidad, en el sentido de que es necesario ser solidario con el semejante y "desarrollar el consciente superior", o sea, el concepto de que somos todos, primariamente, seres espirituales. Los pacientes de la Dra. Wambach fueron "prácticamente unánimes en rechazar cualquier intención centrada para el aumento de la riqueza, del status y del poder".

5)87% de las personas consultadas – una tasa elevadísima – declararon haber conocido a sus padres, amantes, parientes y amigos de una u otra vida anterior. Ninguna consistencia encontró la doctora en apoyo a las teorías freudianas del complejo de Edipo y del complejo de Electra, según los cuales los hijos experimentan fuerte atracción sexual por las madres y las hijas por los padres. (Observación en ese sentido consta, igualmente, de mi citado libro La memoria y el tiempo). El relacionamiento anterior puede haber sido lo más diversificado posible.

Como se infiere de todo eso, nacer todavía constituye, para la mayoría, una especie de probación, más un deber de que un placer. Morir, al contrario, es un proceso de liberación, cuanto al confinamiento en la carne.

La más dramática conclusión, sin embargo, la que más destacadamente resalta de esa investigación, es la de que el niño es un ser espiritual adulto, con experiencia, consciente, dueño de insospechado acervo de conocimientos, envuelto en deliberado proyecto de vida, con metas, objetivos y propuestas nítidamente concebidos y programados. Es, por lo tanto, una persona preexistente y sobreviviente, conforme el espiritismo insiste en enseñar hace más de un siglo y como el propio Cristo enseñó hace cerca de dos milenios.

Encuentro, sin embargo, que todavía tenemos importantes aspectos a comentar sobre la excelente investigación de la Dra. Wambach.

¿El lector todavía está conmigo? ¿Vamos avanzar un poco más? ¿O ya resolvió botar el libro a la basura y no percibí cuando usted se bajó del tren? Si se bajó, paciencia. Lamento decir que se quedará por ahí en la espera de otro tren, que podrá demorar más de lo que usted imagina. Claro está, no obstante, que la opción es suya, en el uso del goce de su sagrado derecho al libre albedrío.

8. ¿Para Qué Nacemos?

COMO NO PODEMOS comentar todo el libro de la Dra. Wambach, lo que sería prácticamente escribir otro volumen, resolví seleccionar y resumir apenas dos o tres aspectos que me parecieron más importantes como sustentación de nuestro propio trabajo.

La elección de la época, por ejemplo. ¿Por qué habría toda aquella gente escogido la segunda mitad del siglo XX para nacer?

Hay una amplia variedad de respuestas a esa pregunta, pero creo que podemos resumirla diciendo que existe, para este período, gran expectativa de aprendizaje, de iluminación del ser, que comienza a tomar consciencia de sí mismo, de su condición de criatura inmortal y perfectible. Del conjunto consultado, 51% declararon haber decidido nacer en esta época "por causa de su gran potencial para la madurez espiritual" de las personas. Hubo quien dijese que "muchos espíritus evolucionados estaban renaciendo ahora" y que "estamos todos más próximos de la paz mundial y de un sentimiento de integración en la humanidad como un todo". O que "muchas grandes almas están viniendo juntas", para la elaboración de "una Era de Oro", en el cual "cambios monumentales comienzan a ocurrir y aún ocurrirán".

En verdad hay predominancia de ese tono optimista cuanto a los negocios del mundo, aunque un porcentaje – relativamente inexpresiva de 4 en 100 – todavía conserve una actitud pesimista en relación a la época en que decidieron nacer.

Muchos, no obstante, vinieron por causa de sus ligaciones con otros seres que aquí se encontraban o estaban para nacer. Muchas razones: buscar una mejor integración, reparar faltas cometidas contra esa gente en el pasado o donar alguna cosa de sí a alguien o a la humanidad. Una señora declaró que tenía consciencia de haber nacido para "producir un líder político".

Varias mujeres declararon haber escogido este período de historia por causa de las conquistas programadas para las personas de su condición, o sea, no apenas mayor libertad para la mujer, pero, principalmente, considerable mejoría de status.

Cuanto a la elección del sexo, las razones son ponderables e informativas.

Escogí venir como mujer [dijo una joven] porque ella es más amorosa, expresiva y ligada en sí misma. Siento que mi lado femenino es mejor para reflejar tales aspectos. (Destaque mío.)

Otra persona expuso de la siguiente manera sus razones:

Bien, yo realmente no escogí mi sexo, pero estoy satisfecho al saber que, de esta vez, sería hombre. Estuve en el sexo opuesto en la mayoría de mis existencias más próximas y tuve vidas miserables por eso.

Sobre los objetivos y finalidades de las vidas, la tónica es, incuestionablemente, el aprendizaje, o mejor, el reaprendizaje del amor fraterno. Increíble cómo en personas tan diferentes unas de las otras ocurra tal coherencia e identifiquemos tan sólida y concluyente convergencia.

Cuando usted preguntó acerca de la finalidad (de mi vida), comprendí que es la de establecer un nuevo relacionamiento con personas a quien debo, por perjuicios que les causé en vidas anteriores. Tengo certeza ahora que debo ayudar a mi marido, alcohólico en esta vida, porque fui cruel con él en existencia anterior.

O: "[...] mi objetivo fue el de conciliarme con algunas personas por el daño que les causé en vidas pasadas."

Sobre tales situaciones, comenta la Dra. Wambach:

[...] 18% de mis pacientes dijeron haber venido para esta vida para aprender a donar el amor. El objetivo no fue el de que estuvieran juntos de personas específicas, pero aprender a amar. (El destaque es mío.)

"Tengo que aprender a no agarrarme posesivamente a los otros", dijo alguien.

Hay quien haya venido para "librarse del materialismo y combatir el negativismo", bien como "combinar emociones masculinas y femeninas para desarrollar el control sobre ellas, el amor y la fuerza del carácter". (Imagine el lector si una de esas personas, nacida bajo la presión de impulsos más o menos desencontrados, exactamente para aprender a dominar pasiones en tumulto, encuentra un [mal] consejero que lo estimula, precisamente a asumir su latente homosexualismo, por ejemplo.)

El momento de la ligación del espíritu con el feto, o sea, con el cuerpo en formación, es variable, según las pesquisas de la Dra. Wambach. Hay quien diga ligarse en el momento de la concepción; hay los que solamente al nacer se sintieron, de hecho, con cierta autonomía para que nos disloquemos fuera del cuerpo físico. Las características de la doctora revelan que, en los 750 casos investigados hasta la época que escribió el libro – publicado en marzo de 1979 -, 89% dijeron que solamente se tornaron parte del feto o se envolvieron con él después de seis meses de gestación.

No pongo en duda estos datos, pero todavía entiendo que resultan de importante consideración que tal vez no haya sido posible apurar con mayor precisión, o sea, la de que esto es lo que la persona se recuerda y que puede no haber sido lo que realmente sucedió. Desde las primeras semanas, y como regla general para cada feto, hay un espíritu indicado o, por lo menos, ya en preparo para renacer.

El Dr. Jorge Andréa llega a admitir que el espíritu pueda estar presente e influir en la selección del espermatozoide que va a disparar el mecanismo de la fecundación y consecuente gestación. Naturalmente que para eso es necesario que el espíritu tenga condiciones evolutivas y de conocimiento bastante satisfactorias, pues hay renacimientos regidos por leyes de emergencias, en cuyo proceso poco participa, conscientemente, el espíritu reencarnante. Es correcto, sin embargo, que la presencia del espíritu o, por lo menos, su imantación al feto es vital al desarrollar el proceso, dado que es su periespíritu que trae las matrices kármicas que entran como componente decisivo en la formación del nuevo cuerpo físico, interactuando con los mecanismos puramente genéticos.

Ejemplos dramáticos de tales casos son los de antiguos suicidas, cuyos "moldes" periespirituales están damnificados en los puntos afectados por el gesto de desespero: oído, corazón, aparato digestivo o respiratorio, caso hayan sido alcanzados, respectivamente, por tiros, o se hayan matado con la ingestión de venenos, o, todavía, por sofocamiento o ahogamiento.

De la misma forma, seres que no traigan tales compromisos rectificadores tiene asegurado por las leyes divinas, que todo rigen con infalible sabiduría, derecho a un cuerpo apropiado a las nobles tareas que vengan a desempeñar en la Tierra, como un buen cerebro físico, manos dotadas de recursos para habilidades específicas o salud que les garantice los años de vida de que necesitan para llevar a buen término sus tareas.

Es evidente, repetimos, que todo eso necesita interactuar con los componentes genéticos de los padres, de lo que se deduce cómo son complejas y delicadas las operaciones que se desarrollan en los bastidores de una cosa aparentemente tan simple y automatizada como la generación de un niño. Sí, porque, en principio, el mecanismo de la fecundación en sí no exige ningún tipo especial de competencia o conocimiento de la parte de los padres, muchos de los cuales no tienen la menor idea de las inconcebibles complejidades de los procesos y de las leyes que hacen todo eso funcionar con asombrosa precisión. El mecanismo comienza a moverse desde que son promovidas, en el mundo invisible a nuestros ojos habituales, las "negociaciones" para que un grupo espiritual consiga renacer junto, con una programación coherente, relacionamientos bien definidos y tareas específicas a realizar. Nada es dejado al acaso o a la improvisación, aunque haya flexibilidad para ciertas opciones. Lo que complica ese cuadro es que muchos, aquí llegados, dejan de cumplir la parte que les toca en el acuerdo y, entonces, todo se confunde y degenera en nuevos atritos, y por consiguiente, en nueva cosecha de sufrimientos futuros.

Tales entendimientos previos y planeamientos son de un realismo impresionante. La Dra. Wambach obtuvo, por ejemplo, la declaración de una persona que, percibiendo que la madre estaba pensando en provocar un aborto, mantuvo con ella un contacto decisivo, de espíritu a espíritu, y ganó su causa, pues consiguió que ella desistiese de su funesto intento.

Otra narró una curiosa historia que vale la pena resumir, por las lecciones que contiene.

9. REFLEXIONES SOBRE LA ADOPCIÓN

DOS VECES LLEVADA, por la regresión, al período pre-natal, para mejor definición de ciertos aspectos, esa persona – una mujer – contó la siguiente historia personal.

Todavía en la condición de espíritu, en el intervalo entre la existencia anterior y la que estaba siendo planeada, la persona decidió nacer de determinado matrimonio porque sabía que ellos eran poseedores de mejor material genético a ofrecerle, proporcionándole las condiciones físicas y mentales de que ella pretendía ser portadora. Sabía más, no obstante: qué tipo de ambiente deseado para su educación sólo podría ser proporcionado por otro matrimonio, obviamente de su conocimiento también. El proyecto elaborado consistió, por lo tanto, en nacer de determinado matrimonio y ser adoptada por el otro. El esquema previa, además, el nacimiento en el sexo masculino, lo que no acabó por concretizarse, por causa de una actitud confesadamente impaciente del espíritu renaciente. (Lección número 1: gestos de impulsividad, impaciencia y cólera, aunque momentáneos y aparentemente sin consecuencias, generalmente se desdoblan en imprevisibles y complejas amplitudes.)

Por lo que se deduce del breve relato de la joven, el matrimonio que ella había escogido como padres genéticos estaba programado para tener dos hijos – una niña y, año y medio después, un niño. El segundo cuerpo es que estaba destinado a la clienta de la Dra. Helen Wambach. Impaciente, no obstante, ella resolvió tomar el primer cuerpo para sí y terminó naciendo como niña y no como niño, conforme planeado. Sólo por ocasión de la regresión ella consiguió entender por qué se sentía poco a gusto en aquel cuerpo femenino. (Lección número 2: el cambio de sexo puede acarrear problemas, algunos de considerable gravedad.)

Antes de proseguir con este relato es necesario abrir espacio para algunos comentarios esclarecedores.[1]

Por haber sido redactada de manera sumaria e imprecisa, la observación contenida dentro del paréntesis, como "Lección número 2", suscitó ciertas dudas y hasta contestación de la parte de algunos lectores más preocupados con la pureza doctrinaria y que habrían entendido el texto como endoso mío a la hipótesis de que el espíritu reencarnante había cambiado de sexo del niño en gestación, cambiándolo de masculino para femenino. Realmente, lo que está allí escrito podría prestarse a esa interpretación, pero no es lo que ocurrió. Una lectura atenta al capítulo desautoriza, por sí misma, tal suposición, de vez que la entidad deseaba, precisamente, renacer en cuerpo masculino, como había planeado. Mismo que ella pudiese y consiguiese cambiar el sexo del niño en formación, ella no lo haría, exactamente porque era así mismo que ella quería.

Lo que pretendí decir allí nada tiene que ver con el cambio de sexo en el feto, después de estar ya definida su polaridad sexual, y sí llamar la atención para el hecho de que pueden ocurrir determinadas turbulencias de comportamiento cuando ese cambio ocurre de una encarnación para otra.

En diferentes palabras: después de una serie más o menos larga de existencias en el sexo masculino, la entidad que reencarna como mujer podrá – no necesariamente – encontrar dificultades de adaptación o sentirse atraída por la práctica del homosexualismo, por ejemplo. Sobre ese aspecto hay, en el Capítulo 8 – "¿Para qué nacemos?" –, algunas observaciones específicas, aunque breves. La propia joven que vivió esta situación menciona su hasta entonces inexplicable incómodo con el

[1] Esta observación del autor fue insertada en la obra a partir de la 4ª edición.

sexo femenino, en el cual se encontraba reencarnada, cuando habría preferido renacer como hombre.

El lector interesado en más amplios comentarios sobre el asunto deberá leer el módulo intitulado "Visión dualista del problema de la sexualidad", que escribí para el libro El espiritismo y los problemas humanos, páginas 163-183, del nostálgico y querido compañero Deolindo Amorim.

Hecho el esclarecimiento necesario, volvamos a la narrativa inicial.

La modificación introducida en los planes acarreó otra consecuencia, igualmente imprevista: los padres adoptivos estaban "conversados" para recibir a un niño y no a una niña. La joven no consiguió recordarse de todo, pero declaró (acertadamente a mi modo de ver) que "probablemente tuvo que arreglar las cosas" para que ella fuese adoptada y no su hermano más joven, cuyo cuerpo ella había escogido previamente para ser el suyo. Esa conclusión me parece correcta porque, inexplicablemente, aunque decididos por la adopción de un niño, los padres prefirieron quedarse con la niña, a pesar de que estaban ambos siendo ofrecidos en adopción. (Lección número 3: intenso intercambio de ideas, propuestas y acuerdos ocurren en los bastidores del mundo invisible sin que tengamos conciencia de toda esa actividad, a no ser fortuitamente.)

Esto levanta una cuestión que yo había dejado para discutir más adelante, pero que podemos tratar aquí mismo, para aprovechar el "encaje" natural ofrecido por el caso.

¿Es correcto y aconsejable adoptar niños ajenos?

La cuestión es bien más complicada de lo que pueda parecer a primera vista, y no creo que debamos proponer para ella una respuesta maniqueísta, sí o no, negro o blanco. Como en tantas otras situaciones de la vida, a veces el gris es el mejor tono, y no las alternativas radicales.

El primer aspecto a considerar es el kármico. Pienso que ya dio para entender que los espíritus renacen con programas de vida bien detallados y específicos para ejecutar determinada tarea, especialmente aquellas en que el objetivo es el aprendizaje o reaprendizaje del amor, como vimos anteriormente.

Sabemos que las leyes de Dios son, al mismo tiempo, severas y flexibles, lo que significa que no son punitivas, pero educativas, y que no imponen la corrección sino que en la medida soportable por la persona, a fin de no sobrecargarla por encima de sus fuerzas. Si abusamos, por ejemplo, de la riqueza, es cierto que vamos a tener una o más existencias de pobreza y dificultades. Si usamos la belleza física como arma o instrumento de dominio, podemos contar con la fealdad más adelante. Si malgastamos de modo inconsecuente la salud, vendrán deficiencias orgánicas. Si tripudiamos sobre el amor que nos dedicaron personas abnegadas, es fácil prever la existencia futura (tal vez más de una) en que amargaremos la soledad, el desamor, el abandono.

La acción educativa viene, por lo tanto, con las señales cambiadas, en la medida, extensión y tenor del error cometido. Ni más, ni menos, porque, cuando erramos, producimos automáticamente un "molde" a ser utilizado por los mecanismos de reparación. Por eso la palabra karma quiere decir acción y reacción y, por eso, algunos autores la llaman de la ley del retorno. Son maneras diferentes de explicar el mismo concepto básico de que usted es responsable por todo cuanto hace de errado y contabiliza a su favor las buenas acciones practicadas, por más insignificantes que ellas sean. Todo cuenta punto, de un lado o de otro, negativo o positivo. El resultado de ese balance es la medida de nuestra paz interior o de los disturbios emocionales que todavía permanecen en nosotros, en la espera de solución.

Se sigue que el espíritu que nace bajo condiciones adversas tiene algún compromiso pendiente por allí, mismo porque la ley no impone sacrificios inútiles al inocente. En su fantástica complexidad, no obstante, la ley es también de una lógica y paradoxal simplicidad en todo lo que mueve. Como dijimos hace poco, ella no es de una inflexibilidad ineludible. Por otro lado, ella no impide o desestimula el ejercicio de la caridad, muy por el contrario, deja siempre espacio para que entre en acción, en cualquier momento, la ley mayor del amor al prójimo. Esto quiere decir que no debemos cruzar los brazos ante en doloroso caso social, ante el sufrimiento ajeno, la penuria, el dolor, la aflicción, solamente porque la persona hizo una cosa errada en el pasado y, por lo tanto, merece el sufrimiento que le fue impuesto. No recusemos, jamás, la ayuda al que sufre, bajo el raciocinio farisaico de que él tiene realmente que sufrir para aprender. Cualquiera de nosotros, en semejante situación, nos gustaría de un gesto de solidaridad, de amor, de ayuda, que nos aliviase el sufrimiento, por más justo y merecido que él sea. "El amor", dijo el apóstol Pedro, "cubre una multitud de pecados." Muchas veces es el gesto fraterno de solidaridad y comprensión que va a disparar en el espíritu ajeno el dispositivo de la aceptación, de la conformación sin indignación, del estoicismo, que comprendió que los amplios territorios de la felicidad comienzan luego allí delante, después del recorrido el camino estrecho y espinoso del sufrimiento regenerador.

Pero, al final de cuentas, ¿debemos o no debemos adoptar niños?

Dije, hace poco, que no hay respuestas tipo negro o blanco, una excluyente de la otra. Encuentro que la mejor regla, en esos casos, es actuar según la intuición, después de oír, en el silencio de la meditación y de la oración, su voz interior.

En mi opinión personal (Atención: personal, no una regla general o norma), la adopción es la solución humana indicada para los recién-nacidos abandonados o para niños entregados a asilos y orfanatos. Cuanto a los niños encontrados en familias presas a ambientes de pobreza y dificultades, entiendo que deban ser asistidas, ayudadas, orientadas, acompañadas, pero mantenidas en el lugar donde están. La transferencia de un niño de un contexto de pobreza y simplicidad para uno de riqueza y sofisticación ofrece insospechados riesgos e inconveniencias.

Juzgo necesario explicar mejor este punto de vista. (Personal, no se olviden.)

Yo no había formulado un juicio concreto sobre ese problema. Cierta vez, no obstante, hace no mucho tiempo, un espíritu contó, en nuestro grupo, que, después de una o más existencias en que había sido de aquellas de quien acostumbramos decir que "tiene de todo" – belleza, riqueza, status social o poder –, se vio, finalmente, en una vida en que fue encaminado para la extrema pobreza a fin de reeducarse, pues, cuando "tuvo de todo", usó y abusó de sus poderes para equivocarse, oprimir, imponer su voluntad y hacer a mucha gente sufrir.

Pues bien, renacido en contexto de privación, donde estaba programado para llevar un vida dura, difícil, pero honesta y regeneradora, alguien la sacó de allí – era una bella niña – y la llevó para que se criara en ambiente de lujo, donde nuevamente se perdió, atropellada por las antiguas matrices espirituales que no había conseguido librarse aún. Al regresar al mundo espiritual, sus compromisos se habían agravado, en vez de llevarlos por lo menos atenuados o, posiblemente, liquidados, cuanto a los aspectos que tanto la desgraciaban.

Mientras vivió, todo parecía muy bien. Era la niña pobre y anónima que "había subido" en la escala social, viviendo como una gran dama una existencia en el cual, una vez más, empleó sus dotes de belleza física y mucho de la fingida "finura" de trato para, nuevamente, dominar e imponer su voluntad caprichosa a aquellos que la cercaban. Por eso, había descendido, espiritualmente, mientras que por los patrones humanos, se había "elevado" socialmente.

Ella misma ahora decía, como espíritu, que nuevamente desencantada e insatisfecha consigo misma, que habría sido preferible que la familia rica que la adoptó, aún joven, la hubiese ayudado a quedarse allá donde estaba para que se reeducase y considerase a las personas como seres humanos, no como piezas de su tablero personal de ajedrez, donde la victoria consiste en eliminar todo lo que se coloca en el camino que lleva al jaque-mate.

Soy francamente favorable a la actitud de matrimonios sin hijos, o incluso ya con hijos propios y ajenos, que se deciden por la adopción de niños abandonados o huérfanos de padre y madre. Por lo que he tenido oportunidad de verificar en el largo trato con los espíritus, muchas veces el camino para llegar a determinado matrimonio pasa por un nacimiento de esos, aparentemente fortuito y "por acaso".

Un amigo mío, ya mayor y con los propios hijos criados, cierta vez encontró, en la puerta de su casa, un recién-nacido llorando. Lo recogió con todo amor y lo está criando con la mayor dedicación, a pesar del sacrificio personal que eso significa para él y para la esposa, ya desobligados de sus tareas junto a los hijos. Él me dijo, sin embargo, que el niño – con más de tres años a esta altura – es la alegría de ellos, a despecho de todas los cansancios e imprevistos que imponen los cuidados de un niño. Como yo, también él piensa que, de alguna forma misteriosa, aquél espíritu estaba de verdad destinado a ellos y algún vínculo debe existir a unirlos.

En otro caso, para citar apenas uno más, se confirmó posteriormente, la existencia de antiguas conexiones del matrimonio con la niña que, como se dice, prácticamente les había caído en los brazos.

Hasta aquí he hablado, en este particular, de mis opiniones personales, enfatizando bien que no constituyen reglas generales. Ahora, no; hablo sobre una norma universal, infalible, insubstituible y eterna: es la ley de amor. Si usted percibió por aquel niño específico el suave calorcito de amor, tómela en los brazos y deje que el amor lo inspire. Si no le parece aconsejable – por las razones expuestas u otras que usted admita – llévelo para su casa, mismo así dele su amor, materialice ese amor en ayuda concreta, no excesiva, no sofocante y no posesiva, pero bajo una forma de apoyo, para que él pueda vivir donde está, minorando dificultades, sin remover de su camino los obstáculos de que necesita para fortalecerse, al aprender a superarlos. Y haga lo posible para no interferir con el libre albedrío del niño y con el de aquellos que lo cercan. Proporciónele la orientación que usted entienda necesaria y oportuna, pero deje las decisiones finales a criterio de cada uno.

Con eso, nos anticipamos un tanto a nuestro esquema. Volvamos un paso o dos, porque todavía no conversamos sobre lo que se pasa en la mente de un espíritu en los dramáticos momentos en que él está renaciendo.

Es lo que iremos ver a seguir.

10. ”¡BIEN, SIGAMOS!”

LOS MÁS DRAMÁTICOS testimonios recogidos por la Dra. Helen Wambach son los que cuentan de las emociones y de las perplejidades del nacimiento en sí, o sea, el momento del parto. Muchos aspectos inesperados y hasta paradoxales fueron revelados en esa zambullida en las profundidades de la memoria integral de las personas.

Como vimos, la doctora consiguió que 84% de sus pacientes, en un grupo de 750, que se recordasen, con impresionantes detalles, del significativo drama cósmico del nacimiento. Con algunas constantes observadas, ella montó un cuadro de ni pocas sorpresas. La primera de ellas fue, como ya vimos, que morir constituye, habitualmente una experiencia agradable, por su contenido libertador. Es el regreso a una dimensión en que tenemos una visión más amplia de la vida, una increíble capacidad de movimiento y de entendimiento, al paso que nacer tras consigo un componente de incerteza, de melancolía, de inquietud o un franco disgusto.

Muchas son no propiamente quejas de los nasciturus, pero sus apreciaciones críticas sobre aspectos desagradables, sino negativos, que encuentran luego a la solera de la nueva existencia que se preparan para vivir.

Intentemos resumir tales testimonios para que no nos extendamos demasiado.

En primer lugar, el acto físico de nacer. El niño viene de una etapa de dentro del organismo materno, donde se encontraba en ambiente silencioso, tibio y oscuro, aparte de acogedor y confortable. Al emerger, muchas veces de manera inadecuada, abrupta, casi violenta, es lanzado en un contexto extremamente agresivo, como si, literalmente, saltasen sobre él y lo envolviesen tres factores adversos: el frío, la intensa luminosidad y el ruido. Son prácticamente unánimes las observaciones en ese sentido, pues el parto es practicado bajo la intensa luz de reflectores y, usualmente, el niño queda, por algunos momentos por lo menos, desnudo y abandonado sobre la fría superficie de una pieza, en la sala de operaciones, al percibir en su entorno toda aquella nerviosa agitación de personas que se mueven y hablan. Se chocan instrumentos, zumben aparatos y mecanismos diversos, especialmente cuando ocurre alguna crisis y la madre y/o el bebé tienen que ser atendidos en régimen de emergencia.

Muchos también son los que reclaman de la precipitación con que es hecho el parto, en el momento en que el niño tiene la convicción de que "todavía no está lista" para emerger del lado de acá de la vida. Eso ocurre sea porque el parto está siendo inducido o porque la cesariana, que se va volviendo cada vez más rutinera, fue programada según conveniencias del médico y/o de la familia, y no en sintonía con los criterios universales de la naturaleza.

La sensación de estar siendo forzada antes del momento apropiado adquiere, a veces, dramática intensidad. Una persona describió de la siguiente manera sus impresiones:

En el canal del nacimiento, cierta fuerza continuaba a empujarme. Y yo nada podía hacer, pues no había de dónde agarrarme o colgarme. Inmediatamente después del nacimiento, sentí el súbito impacto del aire frío, luces brillantes y gente usando una ropa extraña.

Otro expone:

Me sentí indignado en el canal [expone otro], porque yo estaba siendo forzado a salir antes del tiempo que deseaba. Luego que nací, observé la pared, de un blanco intenso, a apenas una yarda delante de mí. No estaba consciente de los sentimientos de las demás personas por causa de mi intensa furia.

Encuentro que la tónica de tales testimonios es el extraordinario sentido de madurez, de dignidad, de percepción y sensibilidad de las personas regredidas. Quien está allí, viviendo la traumática experiencia del nacimiento, no es un bebé inconsciente, ignorante y "desligado" de todo, pero un ser adulto y maduro, en plena consciencia de sus poderes y recursos intelectuales. En él se percibe, muchas veces, una inteligencia superior y una experiencia de inesperada amplitud y profundidad. Y más: son personas dotadas de apurada capacidad crítica, en condiciones de captar, con increíble facilidad, no sólo lo que se dice en su entorno, pero hasta lo que se piensa, o apenas se siente, aunque la palabra dicha sea diferente y opuesta a aquello que realmente está en la mente de la persona que habla.

Vimos hace poco la indignación de bebés que fueron obligados a nacer antes de que se sintieran en condiciones de hacerlo. Hay más, no obstante. Ellos perciben, claramente, si están siendo rechazados o considerados meros objetos o cosas que ni el alma tiene. Les duele la frialdad profesional y apresurada de médicos y enfermeras, o el sentimiento de rechazo y decepción de la madre o del padre, o el celo del hermano mayor o la irritación de la abuela.

"¿Cómo puedo comunicarme con esa gente?", se pregunta uno de ellos. Otro dice:

Mi impresión era la de que las personas, en la sala de parto, no sabían de nada y yo sabía de todo aquello. Eso me pareció cósmicamente divertido.

[...] percibí que mi espíritu observaba todo. Me junté al cuerpo momentos antes del nacimiento. Mi impresión, después del nacimiento, fue la de que la palmada que el doctor me aplicó no era necesaria. Me indigné. Yo sabía que el médico estaba con una bruta resaca.

[...] me parecía que los médicos no percibían que yo estaba consciente y me trataban como un no ser, mera cosa u objeto.

Observe el lector este otro testimonio:

La experiencia en el canal fue la más vivida para mí. Yo sentía la tibieza del útero y las contracciones musculares que me forzaban a descender. Estaba experimentando ese movimiento para abajo cuando estalló aquella luz intensa, angustiadamente brillante, y mi rostro se contrajo. Percibía vagamente algunos de los pensamientos de los médicos y de las enfermeras, y sus sentimientos. No era mi presente ego que aceptaba esas ideas, porque yo encontraba que, como bebé, no era supuesto estar haciendo aquello. El caso es que yo estaba incluso telepáticamente consciente de las emociones de ellos.

Declara otro que las personas a su entorno lo estaban manipulando sin ningún sentimiento de amor, "con gran frialdad emocional". Y prosigue:

Yo tenía conciencia de los sentimientos de ellos. Estaban haciendo el trabajo que les competía y eran bien intencionados. Sólo que no se daban cuenta de su propia insensibilidad y de cuanto yo era capaz de entender todo aquello.

Una de las personas percibe que los padres estaban haciendo lo posible para aceptarlo, compensándolo por la reluctancia que habían demostrado en volverse padres de él, pero el bebé "sabía de la verdad", incluso oyéndolos hablar de futuros planes que tenían a respecto de él.

"Yo tenía la inteligencia de un adulto", declara otro.

[...] una mujer me sostiene bruscamente. La siento irritada y veo que no le gusto. Parece que, de alguna forma, yo la había ofendido. Mi madre también está demasiado, cansada y adolorida para demostrar cualquier interés por mí. La mujer sale conmigo en los brazos. Es como si yo fuese un canalla. Lágrimas genuinas caían de mis ojos, mientras ella me llevaba. En verdad, yo quería volver para aquel espacio luminoso de donde había venido.

Ese, a propósito, no es el único que, si pudiese, habría vuelto prontamente para el "lugar de donde vino", o, ni siquiera, habría salido de allá.

"Como las personas son tolas por no saber lo que los bebés desean", declara uno.

[...] me sentí decepcionado al observar que la alegría que yo experimentaba al nacer no encontraba eco ahí afuera. Yo estaba lúcido y alerta, pero las personas que me cercaban no sabían de eso.

No me estaba gustando nada la idea de ser exprimido para dentro de aquel pequeño cuerpo, pero me conformé y me dije: "¡Bien, vamos!", y me sumergí como quien salta en el agua fría.

[...] mi mente es demasiado grande para este pequeño cuerpo...

El médico se mostraba ocupado con el trabajo de parto y despreocupado de mí, como persona humana.

[...] tuve ganas de reírme de ellos, no sé por qué. Creo que fue porque ellos no sabían realmente quién yo era y no sabían nada acerca de lo que es nacer.

[...] mi abuela era torpe. Primero pensé que se tratase de una enfermera, pero luego percibí que era mi abuela.

Podríamos multiplicar testimonios como esos, si no fuese el riesgo de volverlos demasiado repetitivos. Creo, sin embargo, que alineamos lo suficiente para convencernos de que, en lugar de un "inocente" y obtuso bebé, incapaz de pensar, sentir y entender lo que se pasa en su entorno, tenemos, al contrario, un espíritu maduro, dotado de la extraña facultad de captar sutilezas como pensamientos y sentimientos que ni llegan a ser expresados o formulados.

Esto merece y necesita de un comentario aparte.

11. Misterios del Proceso de Comunicación

PARECE OBVIO ADMITIR que los nasciturus todavía, no tengan condiciones de entender la lengua que está siendo hablada en torno de ellos. Y no necesitan entenderla, porque captan, como venimos reiterando, pensamientos que no llegan a ser convertidos en palabras o, incluso convertidos, no correspondan a la verdad íntima de la persona que los expresó.

Cierta vez, en un pequeño estudio acerca de los animales, escribí que, a mi entender, existe en la naturaleza un nivel primevo de comunicación, anterior al de la palabra, independiente de ella, una especie de canal a través del cual todos los seres vivos – de las plantas a los seres humanos, pasando por los animales dichos irracionales – pueden entenderse. La comunicación, por lo tanto, no dependería de las palabras, y si de los sentimientos que están (o no) por tras de la mera expresión del vocabulario.

De lo contrario no tendríamos tantas evidencias concretas y bien documentadas de comunicación entre seres humanos y animales, o plantas, bien como entre los propios animales y plantas entre sí.

Hoy son de conocimiento general las reacciones de las plantas al afecto, a los buenos modos, a la conversación suave, a las emociones de las personas que las aman y respetan. Esto ocurre también con los animales y, claro con las personas. No es necesario que alguien nos hable para que podamos sentir su hostilidad o las vibraciones de simpatía y afecto con las cuales nos envuelve. A veces percibimos el sentimiento de agresividad hasta detrás de una sonrisa bien fingida y palabras dichas con artificiosa convicción, pero falsas.

Es por tanto en ese nivel atávico, por el canal donde circulan las emociones – que pueden o no llegar al punto en que se expresan –, que nos entendemos unos con los otros, todos los seres vivos, aunque con las limitaciones propias de cada uno. La plantita, por ejemplo, no puede respondernos sino volviéndose más vigorosa, produciendo mejores frutos o flores más bellas. El perrito ya consigue ladrar de alegría, balancear la cola, darse vuelta con su barriga hacia arriba o, al inverso, correr retraído para un rincón, cuando injustamente expulsado.

Cuando escribí un libro acerca de la Mediumnidad, un amigo espiritual me informó que somos dotados de un sistema psíquico de circulación, el cual lo llamó de canal conductor, y de otro sistema, de exteriorización, el cual le dio el nombre de canal expresor. Por el primero, circula el pensamiento puro, inarticulado, aún no codificado en palabras; apenas para uso interno. La traducción de ese pensamiento en palabras sólo ocurre en el sistema expresor para que, de ahí, se transmita, o mejor, se comunique. (Comunicar es tornar común.)

Conclusión semejante encuentro en el eminente científico Lyall Watson, que, en Supernature, escribe lo siguiente:

En términos fisiológicos, la distancia que nos separa de otros animales no es muy amplia y, a pesar del hecho de que disponemos ahora de un elaborado lenguaje vocal y otros sofisticados sistemas de comunicación, nuestros cuerpos continúan a mostrarnos señales externas de nuestros sentimientos íntimos.

Yo no diría, no obstante, que las señales de ese entendimiento aparecen como expresión corporal, según propone Watson, y sí por un mecanismo más sutil, que los pacientes de la Dra. Wambach llaman frecuentemente de telepático.

Esta palabra, a pesar de sus connotaciones usuales, se presta bien al caso. Pathos es un término griego que significa, primariamente, molestia, enfermedad, mal: pero, también, pasión, enemistad, afección. O sea, es un término para describir ciertos tipos de sensaciones (estar enfermo), o emociones (pasión, afecto, aversión). Por consiguiente, telepatía viene a ser un mecanismo de transmisión a distancia de emociones que, obviamente, no necesitan ser traducidas en palabras, como acertadamente imagina Watson.

Por cierto ese mismo Watson, de quien soy lector asiduo y admirador, registra, en otro libro de su autoría, The Romeo error, posterior a Supernature, observaciones más explícitas acerca del proceso de comunicación entre los seres vivos. Comenta él experiencias de Clive Bakster, que cree en la existencia de una "conciencia primaria en todas las cosas vivas", el cual Watson, por su turno, caracteriza, con notable elegancia, como "lenguaje universal de la vida".[2]

Retomando experiencias de Bakster, Watson llegó a increíbles resultados. Veamos, por ejemplo, la que él hizo con una joven de nombre Tanya.

Sometida a hipnosis, Tanya fue convidada a escoger, sin revelarle a nadie, un número de 1 a 10. En seguida otro experimentador comenzó a preguntarle sucesivamente: "¿Es el número 1?" "No" decía ella. "¿Es el 2?" "No." Y así por delante, ella negó todos, de 1 a 10. Una planta, no obstante, incluida en la experiencia y ligada al detector de mentiras, "entregó" Tanya, revelando que el número por ella escogido había sido el 5. ¿Cómo es que la plantita descubrió eso, a no ser por un mecanismo de comunicación directa, usando el "lenguaje universal de la vida"?

Otra experiencia original de Bakster, repetida y perfeccionada por Watson, ofrece conclusiones aún más intrigantes. Bakster tomó dieciocho huevos y los puso en un dispositivo enteramente aleatorio, uno de los huevos se soltaba y descendía, por una canaleta, hasta una vasija de agua hirviendo. Bakster notó que el huevo ligado al detector acusaba inmediata reacción en el momento en que el "compañero" se sumergía en el agua hirviendo, pero ninguna reacción registraba cuanto a la queda de los demás diecisiete huevos, a no ser que hubiese transcurrido un espacio mínimo de tiempo de quince minutos. ¿Cuál sería la explicación?

Al repetir la experiencia, Watson notó que el bloqueo no ocurría en el huevo receptor, o sea, aquel que estaba ligado al detector, y sí en los diecisiete que permanecían en la mesita giratoria y que interrumpían prontamente la comunicación luego que el "compañero" se sumergía en el agua hirviendo.

---

[2] Pude explorar mucho mejor este tema en la obra Alquimia de la mente.

La única explicación posible que ocurre a la mente [escribió Watson es la de que, cuando el primer huevo cae en el agua hirviendo y emite su señal de alarma, los otros diecisiete huevos, en la espera de su vez, "desmayan" todos – y que son necesarios quince minutos para que ellos se recuperen.

A propósito de eso, Watson se acuerda de la tradición de los Sioux, como también otros indios norteamericanos, que adoptan ciertos rituales que solamente ahora empiezan a hacer sentido. Cuando se vuelve necesario preparar un nuevo "tótem" para la tribu, los más viejos se reúnen y van al bosque, a fin de conseguir un buen árbol que proporcione la madera apropiada, con el cual puedan elaborar la figura. Encontrado el árbol, se aproximan todos, ceremoniosamente, en semicírculo, y "conversan" con él, más o menos en los siguientes términos:

Mire aquí, árbol, lamentamos mucho, pero usted sabe cómo es importante para nosotros nuestro "tótem", y el antiguo está todo estropeado. ¡Necesitamos de un nuevo tronco... y, entonces, lo escogimos a usted!

Dicho esto, sin mirar para atrás, todos se retiraron apresuradamente, se aproximan del primer árbol que encontraron más o menos semejante a aquel y lo cortaron para hacer de él el deseado "tótem".

De lo que sepa Watson, nadie jamás preguntó a los Sioux la razón de ese extraño procedimiento. No hay duda, sin embargo, que los indios saben de las cosas. Relacionando esto con el comportamiento de los huevos de la experiencia de Bakster, Watson se declara inclinado a concluir que, tal vez, todos los árboles del bosque desmayen cuando el primero de ellos oye su sentencia de muerte. A lo que parece, por lo tanto, los indios cortan un árbol desmayado y, por lo tanto, anestesiado, para no causarle dolores desnecesarios, mismo teniendo en vista el noble fin a que se destina la madera que él les proporciona.

Claro que el lector tiene derecho a sus propias ideas y explicaciones. ¡Cuánto a mí, me quedo con Watson, que, por su vez, está con indios, que están con los secretos de la naturaleza!

Pero volvamos, todavía por un momento, a la Dra. Wambach.

Creo que esa forma de entendimiento sin palabras, o cuando las palabras pueden hasta comparecer pero son desnecesarias, y un tipo de comunicación que queda apenas por los canales conductores del cual mi amigo espiritual habló, sin convertirse en cualquier tipo de código o símbolo, en el sistema expresor. Aunque sea apenas, como dijimos hace poco, para uso interno, los demás seres vivos de la naturaleza tienen condiciones de captar lo que se pasa en la intimidad ajena.

Observo, pues, con alegría, que un paciente de la Dra. Wambach describe, con rara felicidad y precisión, el curioso mecanismo, al decir lo siguiente:

Después de mi nacimiento, siento la presencia de diferentes y esparcidas energías e intensidades a mí alrededor. Con una percepción muy clara, yo tenía conciencia de los sentimientos de las demás personas. Las cosas eran perfectamente obvias, pero no específicas o explicables en sentido intelectual. (Destaque mío.)

Todo lo que fue dicho y más lo que permanece apenas en lo obvio "no intelectual" sugerido por el paciente de la doctora se resume en una conclusión irrecusable: podemos comunicarnos con los bebés – desde que nacen o hasta incluso antes. Ellos no tendrán condiciones para respondernos de la manera que entendemos el dialogo entre seres humanos, pero sus mentes y sus corazones están abiertos al acceso de sentimientos, emociones, conflictos, alegrías, afecto o aversión, y las sutilezas que ni siquiera podemos imaginar.

Yo decía que podemos comunicarnos con nuestros bebés, pero déjeme corregir rápido: debemos comunicarnos con ellos. Esto es de vital importancia, que yo no sabría cómo enfatizar suficientemente.

Dispongo de casos concretos sobre el asunto, experiencias personales y relatos de personas muy cercanas, que me transmitieron en primera mano, a mi pedido, sus propias observaciones.

Uno de esos casos narré sumariamente en mi libro Dialogo con las sombras. Habíamos trabajado durante meses con un espíritu bien difícil, porque todavía estaba extremamente herida – era una mujer – con uno de los componentes de nuestro grupo. Vivieron, en el siglo pasado, una pasión algo tumultuada, que dejó secuelas que transbordó y, naturalmente, sobrevivió con ellos. Al cabo de largo y cariñoso dialogo, que se desdobló por algunos meses, conseguimos pacificar al espíritu, que comenzó a prepararse para renacer; por cierto, en la familia de quien, en el pasado, había sido su compañero. Sería, de esta vez, hija de una joven que en aquel tiempo había sido hija del matrimonio. Esto la colocaba, en esta vida, como nieta de su antiguo amor.

La niña estaba con pocos meses cuando tuve oportunidad de visitarlos. La joven madre me convidó para verla, en su cuna, donde ella dormía profundamente. Temeroso de que ella despertase, pedí a la joven que no encendiese la luz, pero ella insistió, diciendo que la niña no despertaría, pues estaba acostumbrada. De hecho la niña continuó adormecida por algunos momentos, mientras yo la contemplaba, emocionado y en silencio. De repente ella abrió los ojitos, clavó su mirada con una expresión enigmática, sonrió y volvió a adormecer. Fue fácil entender su mudo "recado":

"Ah, ¿es usted? Ya estoy aquí amigo."

Déjeme contar otro caso.

Me encontraba, cierta vez, en casa de una familia que habían acabado de tomar una niña de meses para criar, cuando me quedé solo con la niña por algunos momentos. Me aproximé de la cunita – ella estaba despierta – y comencé a hablarle mansamente, diciéndole que ahora ella estaba bien. Habían pasado las aflicciones y dificultades mayores. Tenía, ahora, una casa y personas amorosas para que cuidaran de ella. Que se quedara en paz y tranquila. Y que Dios la bendijera.

Aunque acostumbrado a tales cosas, me llevé un verdadero susto ante su reacción inesperada. ¡Ella me miró profundamente, con lágrimas a escurrir por su rostro! Era visible el esfuerzo que hacía para dar expresión a las emociones que se agitaban en su ser. Estaba tan deseosa de decirme alguna cosa que su carita era una sola ansiedad. Pero allí no había el menor trazo de dolor. Sólo pude entender el lenguaje silencioso de sus lágrimas, nada más... a no ser sumar mis emociones a las de ella... Nuestro entendimiento quedó en el nivel atávico, sin necesidad de emerger.

Otros casos, por su naturaleza específica, van para el capítulo siguiente.

12. Es Conversando Que nos Entendemos

UN NIÑO DE 7 PARA 8 años de edad estaba encontrando dificultades en la escuela, no con el estudio en sí, pero por causa de la incontrolable sensación de pánico que lo dominaba al entrar en la sala de clases. A veces, no había cómo obligarlo a permanecer allí. De otras veces, él exigía la presencia de la hermanita mientras duraban las clases, lo que estaba creando dificultades para ella también. La rutina escolar, desde que él comenzaba a prepararse hasta que volvía a la casa, se volvió un tormento para él y para la familia, que no sabía más qué hacer.

En todo se pensó y casi todo fue intentado. ¿Estaría él bajo presión de espíritus desarmonizados? ¿Sería apenas pura y simple aversión a la escuela? ¿Será que estaba precisando de una actitud más severa y hasta de castigos corporales? ¿O de algún tratamiento psiquiátrico?

Un pariente del niño resolvió recurrir a los amigos espirituales, en busca de orientación que ayudase a la familia a encontrar una solución adecuada para el problema. En existencia anterior, en Francia, dijeron los orientadores, tenía el niño aproximadamente la misma edad que tenía ahora, cuando la escuela que frecuentaba se incendió y el techo de la sala de clases se desmoronó sobre los niños. Él estaba dentro de los muertos. De ahí el pánico en la escuela actual, aparentemente inexplicable, pero un claro "transbordo" de recuerdos guardados en el inconsciente.

Recomendaban los amigos espirituales que los padres tratasen el caso con serenidad y comprensión, sin ejercer presiones sobre el niño, como estaban comenzando a hacer, en desespero de causa. Sugerían además que, en la noche, cuando el niño fuese a dormir y mismo adormecido, conversasen con él, garantizándole que el accidente era cosa del pasado, hoy superado. Que ahora él estaba bien protegido por los padres y que nada de malo le iría a suceder en la escuela. Que tuviese confianza en Dios. Deberían, además, hablarle del encadenamiento de vidas, porque su espíritu tenía condiciones de entender y aceptar la información con naturalidad. Finalmente, que no había sobre él ninguna influencia o presión espiritual negativa. El problema era de él mismo, sin ningún componente obsesivo.

El tratamiento resultó.

En otra familia muy ligada a la mía, por vínculos estrechos de parentesco y amistad, una de las niñas comenzó a presentar características un poco preocupantes. Apenas consiguió manipular con razonable eficacia sus sistemitas de comunicación con el mundo que la cercaba, se mostró portadora de sobresaliente personalidad, pero un tanto nerviosa y agitada, sin miedo y con alguna tendencia para la agresividad. El sueño era igualmente agitado y parecía poblado de pesadillas. A veces, fingía lanzar en los otros, con armas invisibles, como si estuviese involucrada en alguna actividad bélica. Si deseaba algún juguete de la hermanita mayor – una dulzura de niña – se aproximaba subrepticiamente y, zas!, se apoderaba del objeto y partía con él, dejando a la otra incapaz de reaccionar por la fuerza, pero desolada.

La salud física también no era de las mejores. Su organismo parecía medio descoordinado, pues de vez en cuando uno de los aparatos – el digestivo, por ejemplo – se desregulaba y parecía no responder adecuadamente a los cuidados médicos.

Una característica igualmente inexplicable vino a componer ese cuadro enigmático: ella parecía tener problemas con los pies, y los exámenes clínicos y radiológicos no conseguían identificarlos. Tan luego comenzó a hablar, se quejaba de los pies, en la noche, mientras dormía, como si le doliesen o algo estuviese sucediendo con ellos. Otra dificultad, todavía ligada a ese aspecto, es que no soportaba zapatitos de amarrar. Con alguna dificultad y reacción, terminó aceptando un tipo especial de calzado, que le parecía, tal vez, más inofensivo. Cuando se volvió necesario sustituirlo porque se había vuelto imprestable, la lucha fue grande, pues ella continuaba en no aceptar cualquier tipo de calzado que le provocase la mínima inhibición. Quería los piecitos siempre libres, como si de ellos dependiese para la súbita y vital escapada.

Consultados al respecto, amigos espirituales del matrimonio explicaron que, en su más reciente existencia, en Francia, la niña había sido guerrillera (maquis) devotada, por convicción patriótica, a la famosa resistencia a los alemanes, que invadieron su país y lo sometieron a las humillaciones de la ocupación.

Según información de los amigos invisibles, la querida primita murió de una manera trágica. Su grupo atravesaba por la noche un campo minado, cuando su pie se quedó atascado en una de las raíces, en un hoyo en el terreno. Ella cayó y gritó por la compañera más próxima; pero, no pudiendo soltarse, murió despedazada por una explosión. No fuese por haber prendido uno de los pies, podría haber corrido y tal vez se hubiese salvado.

Los compañeros espirituales acrecentaron, además, que la destrucción del cuerpo físico acarreó repercusiones de difícil reparación en su cuerpo periespiritual. Para que ella pudiese ser encaminada a la reencarnación, al cabo de cuarenta años de permanencia en el mundo espiritual, fue necesario promover un complejo y delicado trabajo de recomposición, suficiente para que el cuerpo físico no presentase deformaciones y mutilaciones. De ahí que sus diversas disfunciones, sin causa aparente y que, a veces, precipitaban "desarreglos" orgánicos.

Se trata obviamente, de un espíritu dotado de algunos méritos, de lo contrario no habría merecido tanta ayuda y atención, incluso porque fue encaminada a un joven matrimonio bien dotado física, intelectual y moralmente. Explicaron, aún, los amigos espirituales que, en este caso específico, el cuerpo físico, saludable y desarrollado bajo condiciones adecuadas, ejercería su influencia sobre el cuerpo espiritual, ayudándolo a consolidarse de modo satisfactorio.

Cuanto a los aspectos emocionales del problema, la madre fue instruida a conversar con la niña, especialmente cuando ella estuviese adormecida, transmitiéndole un mensaje de seguridad y de paz, procurando convencerla de que todo aquel terrible incidente estaba superado, era apenas un recuerdo. No había más guerras a trabar, por lo menos aquí, en la pacífica región en que ella estaba viviendo su nueva existencia de esperanzas y alegrías, en el seno de una equilibrada y amorosa familia. Debería también insistir en asegurarle que el piececito estaba perfectamente bien, normal y sano.

Si el lector concuerda en oír, tengo más una historia que revela la extraordinaria madurez y competencia de la joven madre, un poco más de que una adolecente. Por sus implicaciones y amplitud, no obstante, el caso necesita de un capítulo especial, en el cual podamos disponer de más espacio.

Antes de eso, hay una experiencia mía, personal, a narrar.

Nunca fui un joven turbulento y agitado. Por el contrario, siempre retraído y medio callado. Cierta vez, ahí por los siete u ocho años, hice lo que entonces se llamaba "arte" inesperada y que podría haber tenido trágicas consecuencias.

Vivíamos a las orillas de la línea ferroviaria, pues nací y me crié no más que a unos pocos metros de los rieles. Pasaba un tren, a cierta distancia, cuando resolví testar mi fuerza y puntería, lanzándole una piedra. Sucede que era un tren de pasajeros y parece haber quebrado un vidrio, pero felizmente el petardo no alcanzó a nadie.

Lo cierto, no obstante, es que de la estación siguiente llamaron por teléfono para aquella en que yo vivía y no fue difícil localizar al responsable por el acto "terrorista". No me acuerdo si me dieron algunos cascudos o palmadas (nuestros padres no eran muy dados a puniciones corporales). Me recuerdo, sin embargo, de haber estado castigado, sentado a la vista de todos en lo alto de una pila de durmientes de madera, a la orilla de la línea. A parte de la humillación, yo no estaba entendiendo bien la razón de toda aquella revuelta. Al final de cuentas yo "apenas" había lanzado una piedra al tren.

Allá por las tantas, empero, se aproximó de mi un joven empleado de la estación (subordinado a mi padre) y se puso a conversar conmigo. Se llamaba David, Theobaldo David Silva, y hasta hoy me acuerdo (¡Casi 60 años después!) que su cumpleaños era el día 1° de enero. Curiosamente, estoy escribiendo estas líneas el 31 de diciembre. Dentro de algunas horas, el amigo David, que probablemente no estará más por aquí, estaría conmemorando su ¡cumpleaños! Le soy grato, para siempre, por lo que entonces me dijo.

Él no me había traído ninguna palabra de condenación o incluso de censura, ni desautorizó la energética providencia punitiva de mi padre. Se limitó a explicarme, de forma adulta, que el gesto impensado – no sé qué palabras habría usado – podría haber herido o hasta matado a alguien, en el tren. Que era necesario tener cuidado con esas cosas. En suma, apeló para mi sentido de dignidad – tan por abajo, allí, en lo alto de la pila de durmientes – y para mi sentido de responsabilidad.

Me recuerdo el impacto que me causaron sus observaciones. Yo realmente no había pensado en las posibles consecuencias de la imprudencia cometida. ¿Y si alguien se quedase ciego o mortalmente herido por causa de mi "arte"?

Creo que David percibió cuanto su conversación fue útil y provechosa para mí. Aunque yo nunca haya sabido, creo que hasta que él intercedió junto a mi padre para que fuese luego puesto en libertad...

Nunca más lancé piedras a nadie, aunque haya llevado algunas pedradas a lo largo de la vida. ¿Pero quién no las lleva? Como acostumbro a decir, nosotros aprendemos más con los errores de que con los aciertos, y la lección de David quedó para siempre estampada en mi mente. Dios lo guarde en su paz, donde quiera que él hoy se encuentre. Creo que fue una de las primeras personas que, en vez de reprenderme, censurar o criticar, me habló como adulto, de hombre para hombre, sin ironías, agresividad o impertinencias. Y, por encima de todo, me explicó la situación.

Otras veces en la vida me iría a ver en situaciones semejantes a aquella. Antes de cualquier condenación o crítica apresada, fue siempre mi deseo que alguien me digiera, educadamente, dónde, cuándo y por qué yo había fallado. Que me condenasen posteriormente, eso no me afligiría, lo que yo quería era entender las causas – imagino que para poder corregirlas, a fin de evitar el mismo tipo de equívoco en una próxima vez. Por eso, nunca encontré necesario ser castigado. Una vez entendida la motivación, ya constituía castigo y ultraje suficientes para yo saber que erré. La surra, la reprimenda o la punición, yo las entendía perfectamente superfluas y, por lo tanto, desnecesarias.

Ya estaba este libro en elaboración cuando una amiga me contó un episodio semejante. En un momento de impaciencia e irritación, ella se descontroló y se puso a reprimir a su hijo pequeño, en voz alta. El niño, muy calmo, habló más o menos lo siguiente:

– Madre, usted no necesita hacer eso conmigo. Hable con calma. Usted sabe muy bien cómo se siente una persona agredida, porque la he visto llorar cuando eso sucede.

La joven se "desmoronó" en ese momento. Había aprendido una importante lección de quién le competía a ella enseñar. Sonrió, abrazó al niño y le dijo, ahora perfectamente calma:

– Tiene razón, hijo. ¡Eres un niño fantástico!

Si es que este capítulo necesita de conclusión, ahí va: converse con su hijo o su hija, cualquiera que sea su edad y la de él o de ella. Como dicen por ahí: "Es conversando que las personas se entienden..." ¿Y qué es más necesario y urgente, en este mundo desarrumado, de que el entendimiento entre las personas?

Específicamente para las embarazadas, un recado formal: converse con la "persona" que está en su vientre. Dígale que la ama, que la espera de corazón abierto, que cuente con usted en todo aquello que sea posible. Acaríciela mansamente, con las manos. El magnetismo del amor se transmite fácilmente, como energía positiva a escurrir por los dedos.

13. Experiencias y Observaciones de una Joven Madre

ESTE CAPÍTULO ES RESERVADO para un ejemplar caso de relacionamiento madre/hijo. Deseoso de aprovechar, en este libro, las experiencias y observaciones de esa madre, le pedí un relato por escrito. Lo encontré tan bueno que resolví pasarlo al lector en su íntegra, preservando todo el sabor de la emoción que fue depositada en el texto.

He aquí:

"Rafael es un bebé muy calmo y bueno. La primera vez que conversé con él fue cuando le decía en el ascensor del laboratorio, donde fui a buscar el resultado de mi examen, que confirmaba las sospechas de que estaba embarazada. Le dije que lo amaba desde aquel instante y que él iría a ser muy bienvenido; le dije también que él se debería ir preparando para la vida en la Tierra, que no era muy buena y no le daría mucha felicidad, pero que, en lo que dependiese de mí, él podría contar conmigo en lo que necesitase desde ese día."

"Nunca más dejamos de conversar. Converso con él de todo, intentando colocarlo bien próximo de la realidad de la Tierra. A veces yo me encuentro un tanto pequeña, como si fuese un alumno enseñando cosas simples a un profesor súper inteligente, pero continúo actuando así, pues al menos el inmenso cariño con que intento explicarle las cosas de la Tierra, sé con certeza, que él guardará en su corazón."

"Intentaré explicar lo que escribí arriba, relatando la conversación que tuve con él en las vísperas de Navidad, mientras hacía algunas tarjetas. Le dije, como si estuviese conversando con un adulto, que estábamos cerca del día en que los hombres conmemoran el nacimiento de nuestro Maestro, pero que, infelizmente, muchos de ellos no se dan cuenta que están conmemorando esto. Crearon en el mundo, le dije a Rafael, el Papá Noel, que me gustaría desde ya que él tomase consciencia que no existe, a pesar de ser él el más asediado, recordado y conmemorando con mucha comida y bebida, en Navidad. Pero también le expliqué que esa "mentirita infantil", el Papá Noel, era muy útil a los comerciantes y que muchas familias vivían todo el resto del año, prácticamente, de la renta que Papá Noel hacía con que ellos arrecadasen en el mes de diciembre."

"Y así he sido con todo. Intento conversar con él todo el tiempo, mostrándole que en la Tierra somos egoístas y no muy honestos ni civilizados, pero, en todo y en todos, debemos procurar y, con certeza, encontramos algo de bueno y útil, y que a esto es que debemos dar importancia."

"Cuando Rafael todavía estaba en formación, dentro de mí, buscábamos (yo y mi madre) hacer de su ajuar todo lo que fuese posible, para no tener muchos gastos, pero, principalmente, por el cariño que creo que los trabajos manuales transmiten a quién los ofertamos. Siempre le decía de mi cariño y procuraba hacerlo participar de mis quehaceres."

"En el "Culto del Hogar" siempre le fue transmitido mucho amor y palabras de bienvenidas. En dos ocasiones, mientras oraba pensando en él, tuve la nítida impresión de tenerlo sentado a mi lado, con la mano sobre mi hombro. ¡Fue un tanto difícil imaginar que aquel ser todavía en formación dentro de mí, mi bebé era aquel espíritu tan adulto!"

"Sobre la formación de su cuerpito, conversábamos de todo. Cada semana que iría a comenzar era investigada y leída, por nosotros, con bastante atención. Acompañábamos, así, la formación de cada órgano interno y de cada parte externa de ese cuerpito que hoy está acogido en mis brazos. ¡Es bastante maravilloso!"

"Algunos hechos se destacan de los demás porque son curiosos, pero no puedo probar ni certificarme de que no fueron apenas coincidencias."

"Antes de que Rafael naciera, yo le dije muchas veces que nosotros no teníamos una casa sólo nuestra y que vivíamos con otras personas, y que a los otros no les gustaría que fuesen incomodados con mucha lloradera de bebé, pues yo ya tuve contacto con bebés que lloraban todo el día y en la noche también. Le decía siempre que él debería ser un bebé buenito y le pedía que no llorase mucho, principalmente en la noche."

"Y Rafael es un bebé muy, muy bueno. Puedo afirmar incluso que él nunca despertó a alguien, hasta hoy, con su lloro. Él prácticamente no llora, llegando incluso a impresionar a quien convive con él.

"Otro hecho interesante ocurrió cuando él tenía todavía un mes y yo estuve muy gripada, con la garganta inflamada. Rafael, hasta entonces, había dormido toda la noche en su cuna, solamente algunos días; él dormía, y hasta hoy duerme, conmigo. Cuando lo colocaba en la cuna, él reclamaba, y la reclamación terminaba cuando él estaba a mi lado, en la cama. Hasta incluso dormido, y hasta hoy él sabe cuándo yo lo pongo en su cuna. Pero yo no quería que Rafael se resfriase también por ser muy chiquitito, y entonces le expliqué que iría a ponerlo en su cuna, pero él debería dormir allá toda la noche, pues yo estaba con fiebre y no quería transmitirle la inflamación que la causaba."

"Él durmió toda la noche en su cuna, y otras dos noches también; hasta que me mejoré y pude dormir con él nuevamente. Pero, especialmente durante la primera noche, él no reclamó ni siquiera una única vez."

"Otro hecho se dio días después de ese, y él aún no tenía dos meses. Fue la primera vez que mi madre me dejó sola con él, y confieso que yo llegaba a confundirme con todas las tareas que debía realizar. Fue así que, en un día de esos, yo tenía mucha ropa para planchar y Rafael estaba un poco antipático, queriendo brazos todo el tiempo, y con dificultad para dormir. Le pedí, entonces, que se durmiera durante algunas horas, solamente para que yo pudiese planchar sus ropitas. Le dije, también, que estaba muy cansada y me gustaría terminar luego de planchar las ropas para poder bañarme y dormir. Era de tarde y yo le pedí que durmiese hasta las 18 horas. Él no sólo durmió hasta la hora combinada como esperó, despierto y quieto, a que yo terminase todo y me bañara para que pudiéramos acostarnos.

"otro hecho interesante ocurrió el día 24 de diciembre, en casa de mis suegros. Mi suegra me pidió que le ayudara, a envolver los regalos de Navidad. Los regalos eran muchos y el tiempo poco. Tenía solamente un resto de mañana y la tarde. Puse, entonces, a Rafael en la cama de mi suegra y tomé todos los regalos que tenía que envolver. Se los mostré a Rafael y le dije cuanto era importante que todos aquellos juguetes y regalos estuviesen envueltos hasta el final de la tarde. Le pedí que me ayudara, no necesitando mucho de mí, hasta que yo terminase. Acostado allí en la cama, Rafael se quedó despierto, quieto, y llegó hasta a dormirse, lo que no ocurre normalmente sin que estuviera en mis brazos. Durmió bastante, incluso con el ruido de los papeles para envolver. Cuando despertó, se quedó calmo y quieto hasta que yo terminase todo."

"Esos son los hechos más interesantes que registré. Cuando me acuerdo de ellos, queda en el aire una duda: ¿serían realmente coincidencias, o Rafael me entiende de verdad?"

"Hoy siento que también no tengo certeza en afirmar. Siento que a cada día que pasa más y más Rafael se vuelve niño. Parece que los días van pasando y, lentamente, la capacidad que él tenía de entenderme completamente va, a los poquitos, disminuyendo."

"Rafael completó tres meses el día 22 de enero."

"Enero de 1986"

"Alda."

Este notable testimonio posee el mágico toque de la ternura, del amor, en su más pura manifestación. Pero no es sólo eso – y nada más necesitaría –, veo en él la expresión de un sentimiento de respeto, casi reverente, de la madre por el hijo, desde que le da las bienvenidas y le asegura todo su apoyo y dedicación, en el mismo momento en que se confirmó, para ella, el proceso de la gestación. Veo el testimonio de la auténtica humildad, en la sencilla confesión de que ella se siente "un tanto pequeña" intentando explicar a un experimentado ser "las cosas de la Tierra". Parece entender que él sabe de todo eso y que la explicación es apenas un vehículo a más para el cariño que le dedica, como lo fueron también las ropitas que le hizo.

Igualmente digna de destaque es la sensación de presencia del espíritu reencarnante, maduro y adulto, junto a ella, con la mano sobre su hombro, en el momento sagrado de la oración, mientras el cuerpo destinado a él está siendo generado en ella.

Otra importante lección que Alda nos ofrece es la de que "a cada día que pasa más y más Rafael se vuelve niño" y parece ir perdiendo, gradualmente, la capacidad de entenderla.

Esa es, de hecho, una realidad indubitable que es preciso comentar, lo que no me ocurriría hacer si Alda no hubiese llamado mi atención para ese aspecto.

Veamos eso más de cerca.

Conjugando las experiencias de la Dra. Wambach con las enseñanzas que los instructores de la Codificación transmitieron a Allan Kardec (Ver, a propósito, el capítulo VII – "Retorno a la Vida Corporal", de El Libro de los Espíritus), podemos elaborar el siguiente cuadro general:

1)El proceso de la encarnación acarrea al espíritu una perturbación "mucho mayor y sobretodo mucho más larga" que de la muerte. "En la muerte" – como consta de la pregunta número 339 – "el espíritu sale de la esclavitud; en el nacimiento entra en ella." Él se queda en la situación de un "viajero que embarca para una travesía peligrosa y no sabe si va a encontrar la muerte en los tumultos que afronta", de vez que "las pruebas de la existencia lo retardarán o harán avanzar, según las haya soportado bien o mal".

2)Como el ser humano tiene una larga infancia, él vive los primeros tiempos de la encarnación más ligado al cuerpo que propiamente encarnado.

3)El espíritu no se identifica con la materia como si asumiese propiedades de ésta. La materia es apenas un envoltorio de que él necesita para actuar en el mundo. Al unirse al cuerpo, él "conserva los atributos de su naturaleza espiritual".

4)El espíritu que anima el cuerpo de un niño puede ser tan desarrollado cuanto el de un adulto, o más aún, caso sea más evolucionado, "pues son apenas los órganos imperfectos que le impiden de manifestarse. Actúa de acuerdo con el instrumento de que se sirve".

5)La infancia se caracteriza por los instructores como "un tiempo de reposo para el espíritu".

6)"Encarnándose con el fin de perfeccionarse, el espíritu es más accesible, durante ese tiempo, a las imperfecciones que recibe y que pueden ayudar su adelantamiento, para el cual debe contribuir a los que están encargados de su educación. (...) Y, entonces, que se puede reformar su carácter y reprimir sus malas tendencias. Ese es el deber que Dios confió a los padres, misión sagrada por el cual tendrán que responder."

Hay, por lo tanto, un período en que, más ligado al cuerpo del que propiamente encarnado, el espíritu se conserva en estado de relativa libertad. Mientras dure esa condición, él tiene conocimiento de las cosas que se pasan en su entorno y de lo que dicen y hasta lo que piensan las personas que lo cercan. A medida que su cuerpo físico se desarrolla, empero, y coloca a su disposición los órganos necesarios a la vida en la carne, su integración al medio ambiente y a la expresión de su pensamiento, él va dejando como que aprisionado por las limitaciones de su instrumento físico, de donde le competirá ejercer su función coordinadora, en la compleja arte de vivir en la Tierra. Comienza, por lo tanto, a perder el uso pleno de sus facultades de espíritu en estado de libertad. De ahí en adelante él reacciona y participa de la vida como ser encarnado, dentro del exiguo espacio mental proporcionado por las contingencias físicas. Y no percibe más pensamientos y emociones ajenas, entendiendo apenas lo que le es transmitido a través del lenguaje que está aprendiendo. En compensación, comenzará a expresar, aunque con su limitado vocabulario, sus emociones y reacciones.

A partir de esa fase, solamente cuando duerme su espíritu gozará de cierta libertad, proporcionada por el desprendimiento parcial provocado por el sueño común. Es el momento en que le podemos hablar directamente al espíritu, como nos recomiendan, a veces, los orientadores espirituales, conforme vimos en algunos casos específicos.

Es correcta, pues, la impresión de Alda que, a medida que el tiempo pasa, "más y más Rafael se vuelve niño" y va perdiendo la capacidad de entenderla a través de los canales que Lyall Watson caracteriza elegantemente como "lenguaje universal de la vida", dado que comienza a expresarse en el lenguaje local hablado por el pueblo en el seno del cual vino a renacer.

Por eso dijeron los instructores, con precisión y sobria economía de palabras, que "en la muerte el espíritu sale de la esclavitud; en el nacimiento entra en ella". Por eso los pacientes de la Dra. Wambach encuentran optimo morir, y cargado de tensiones el acto de nacer. Una vez dentro de su jaula, se cierra la trampa y el espíritu acaba hasta olvidado de la amplitud del espacio en que se mueve antes de renacer.

Morir es "volver a casa", para la dimensión del cual las personas vinieron, al renacer. ¡Atención, sin embargo, mucha atención! La muerte libera cuando ocurre en el tiempo correcto, la persona que cumplió con dignidad su tarea en la Tierra, que buscó vivir en sintonía con las leyes divinas. El rebelde, el violento, el suicida no se liberan, apenas cambian de prisión. Hasta que se corrijan. Es la ley...

14. Sólo Olvidamos Aquello Que Sabemos

EL LECTOR NO FAMILIARIZADO con la realidad del renacimiento (reencarnación) podrá luego pensar que: "¿Uy, pero si yo también ya viví otras vidas, por qué no me acuerdo de ellas?

La pregunta es legítima y merece una respuesta. De hecho, nosotros habitualmente no nos recordamos de haber vivido antes, lo que no es lo mismo que decir que no tuvimos otras existencias. Usted puede olvidar cierto presente, si es durable, continúa por ahí, probablemente en algunos cajones o armarios.

Es bueno que olvidemos realmente, a fin de aprovechar la oportunidad de dar inicio a una existencia como si estuviésemos abriendo un nuevo cuaderno con muchas hojas en blanco, en el cual usted irá a escribir su historia. Es bueno ignorar que usted tuvo graves problemas, en el pasado, con la persona que hoy es su madre, su hermano o aquella hermana más difícil. O que usted haya engañado vilmente a la linda niña que ahora es su hija, o haberse quedado con la herencia que, de derecho, pertenecía a aquel yerno que usted no quería que se casase con su hija.

Es que las familias son, casi siempre, arreglos combinados en el mundo invisible entre los diversos personajes de un drama o de una tragedia antigua, para que arreglen sus diferencias por el reloj cósmico del amor al prójimo, a fin de que todos sean felices un día. Nacen a nuestro lado, o nosotros nacemos juntos de adversarios, victimas o desafectos de otrora, a los cuales perjudicamos gravemente o que nos hayan creado también dificultades y sufrimientos, perfectamente evitables, si todos hubiésemos actuado de manera correcta. Nacen, también, claro, conforme nuestros méritos, personas maravillosas, a quien amamos profundamente y respetamos, pero esto es casi excepción, no la norma, pues ¿no dijo Cristo que primero teníamos que reconciliar con el adversario? ¿Y que no saldríamos de allí, o sea, del sufrimiento, mientras no hubiésemos rescatado el último centavo de la deuda ante las leyes del amor? ¿Y que aquel que erra es esclavo del error? Recuérdense, además, de su breve y amorosa advertencia. Aquella que dice: "Anda y no peques más, para que no te suceda cosa peor." ¡Pues es eso!

Entonces la familia es el campo de pruebas, donde encontramos amigos y desafectos. Los primeros nos traen el gustoso refrigerio de su afección, en una relación agradable y constructiva. Es muy fácil amarlos. Los otros, no. Son personas difíciles, que inconscientemente guardan de nosotros rencores aún no superados, o resentimientos que no consiguieron vencer. Es mucho más difícil amarlos, convirtiendo su actitud negativa por nosotros en una relación afectiva, desarmada, y genuina. Más una vez, nos recordamos de Cristo, que todo sabía, previo y aconsejaba:

"(...) Amad a vuestros enemigos", dijo él, en Lucas 6,27, "haced el bien a aquellos que os odien, bendecid a los que os maldigan, rogad por los que os maltraten."

Y más adelante, en 6,32:

"Si amáis a los que os aman, ¿qué mérito tendréis? Pues también los pecadores aman a aquellos que les aman."

Esa filosofía, aparentemente tan extraña, tiene profundas motivaciones. Con aquellos a quienes amamos, no hay problemas a resolver. Ya son nuestros amigos, basta cultivarlos con cariño y respeto. Con aquellos que nos detestan, al contrario, tenemos cuestiones pendientes, aunque, conscientemente, las ignoremos. Por una razón oculta, estamos juntos para que aprendamos a amarnos fraternalmente. Y en eso les recordamos, nuevamente, Cristo, que nos dijo otras palabras de la mayor importancia: "Reconcíliate con tu adversario mientras estás a camino con él."

Es muy cierto eso. Él fue puesto en nuestro camino precisamente para que nos reconciliásemos, convirtiendo el adversario en amigo. Es más fácil realizar esa tarea cuando ignoramos las verdaderas causas de las divergencias. Por otro lado, el difícil trabajo de la conciliación tiene mayor mérito cuando lo realizamos por espontáneo esfuerzo personal en conquistar la confianza y el amor fraterno de aquél que nos desama, en vez de hacerlo solamente porque es nuestra obligación ofrecer al antiguo enemigo la reparación que le es debida. Además, usted no estará haciendo aquello por un extraño o desconocido, pero por un hijo suyo, por su padre, o su madre, por un hermano, por alguien de la familia, en fin.

También es bueno que nos olvidemos, porque, cuando es muy grande el peso de las culpas, el remordimiento amenaza aplastarnos y paralizar la acción reparadora. Usted puede hasta pensar que sería mejor conocer luego todo de una vez, pero no es bien así. El olvido nos protege de ciertas angustias y evitables ultrajes. Esto es tan verdadero que no nos gusta pensar, siquiera, en las tonteras y locuras practicadas en la juventud o en la mocedad después que conseguimos algún equilibrio para vivir con mayor serenidad.

Todavía hace poco les contaba el episodio de la piedra que lancé en el tren, cuando tenía siete años. ¿Saben de una cosa? Vacilé bastante hasta poner aquello, negro en el blanco, en el papel. No fue nada fácil, pero acabé venciendo las resistencias íntimas, porque encontré que el episodio contenía una lección útil para uno u otro que lo leyese, tanto cuanto fue útil para mí. Fue en aquel punto de la vida que tuve la exacta noción de la responsabilidad personal por todo cuanto hacemos. Pero, acá entre nosotros: yo habría preferido dejar el caso de la piedra archivado en algún cajón secreto de la memoria. O mejor, nunca haberlo vivido. ¿Ya imaginaron si en vez de lanzar una piedra usted hubiese degollado o envenenado a sangre frío a la niña que hoy es su hija predilecta? ¿Y que, además, no le da atención, porque todavía guarda ciertas desconfianzas a su respecto? (Lea a propósito, la historia verídica "El Triste Balido de la Oveja Desgarrada", en mi libro El exilado.)

Bien, ahí están algunas de las principales razones por las cuales nos olvidamos de las vidas anteriores, a fin de que podamos comenzar otra, como si nada hubiese sucedido. Ocurre, sin embargo, que antiguos recuerdos y vivencias a veces transbordan de una vida para otra, como hemos visto en algunas de las breves historias narradas en este libro.

No siempre tales recuerdos son nítidos y explícitos. Surgen bajo misteriosos disfraces, como por ejemplo cuando ústed experimenta curiosa e inexplicable atracción o repulsión por una persona la cual usted acaba de ser presentado. Hay personas de quien le gustamos a primera vista, en que confiamos y junto a quien nos sentimos perfectamente a gusto, al paso que otras, que pueden hacer todo para agradarnos, no conseguimos aceptar sino con mucha reluctancia.

Me gusta ilustrar tales situaciones con pequeñas historias – todas absolutamente auténticas, sin ningún trazo de fantasía. Ésta hasta ya la conté antes, en otro escrito.

Fue el caso de una señora educada, inteligente y equilibrada que me llamó para conversar sobre algunos aspectos de sus problemas personales. Lo que ella pretendía realmente era que yo pudiese realizar con ella (o indicar quién lo hiciese) un trabajo de regresión de memoria, para que ella pudiese identificar las razones que la llevaron a tamaña aversión por su propia madre.

Me decía que la pobre señora era cariñosa, dedicada y muy amiga, procurando cercarla de gentilezas y agrados, pero que, con vergüenza, ella me confesaba no conseguir vencer cierta reserva y hasta incluso repugnancia. Evitaba comer golosinas que la madre le traía y llegaba al punto de irse a lavar las manos después que ella se retiraba. Evidentemente que ese insuperable rechazo era una actitud que mucho le incomodaba. Al final, la señora era su madre y todo hacía para ser simpática y agradable. Y, a lo que concluí, jamás había desconfiado de la repulsión de la hija por ella.

Ese era el problema. Tal vez, pensaba ella, que la regresión de memoria le desvendaría el enigma y la ayudase a liberarse de la penosísima situación, si no pasando a amar a la madre, por lo menos venciendo racionalmente la postura de aversión y desconfianza.

Me cabía, exponerle lo que pensaba.

Le dije que no le aconsejaba la regresión de memoria, aunque fuese posible hacerla, lo que no estaba en mis cogitaciones, dado que mis estudios acerca del asunto se destinaron apenas a recoger el material de que me utilicé en el libro La memoria y el tiempo.

No era aconsejable el procedimiento porque ella podría encontrarse con un episodio extremamente doloroso y traumático, que agravaría todavía más la situación, en vez de minorar sus aflicciones. Por otro lado, yo no encontraba necesario hacerlo. La razón era simple y lógica: no era difícil de concluir que el problema con la madre resultaba de grave error cometido por la señora, en algunas existencias anteriores, contra la que hoy era su hija. No tenía yo la menor idea de lo que pudiese haber sido, pero imaginaba hasta la posibilidad de un envenenamiento, quién sabe si por alimentos previamente "preparados", y de ahí la aversión de la joven por las golosinas que la madre le preparaba. Lo que parecía claro era que la joven debía haber sufrido en las manos de la otra, o, probablemente, habría incluso sido asesinada por ella.

Sucede, sin embargo, que todo esto era, hoy, pasado superado. Quedaron desconfianzas, temores y reservas, pero como hice con que ella percibiese, la madre estaba haciendo gran esfuerzo para recomponerse, para recompensarla, para redimirse de los errores cometidos contra ella. En mi entendimiento, ella debería esforzarse, de su parte, en aceptar a la madre, que evidentemente no era más la persona que había sido.

La joven oyó atentamente toda esa explanación, pareció meditar por breves instantes y pude sentir que alguna cosa se desarmaba dentro de ella. Respiró hondo, como que aliviada, y me agradeció, dispuesta a reconsiderar todo aquello para una nueva organización de sus sentimientos en relación a la madre. Era todo cuanto yo pedía a Dios, por ambas. Le dije que, caso hubiese necesidad, volviera a verme. Como esto no ocurrió, me siento autorizado a concluir que por lo menos las tensiones más graves entre madre e hija fueron atenuadas.

En este caso, por lo tanto, las matrices emocionales de dos vidas no se revelaron en toda su extensión y profundidad, pero el conflicto anterior parecía bien caracterizado y no muy difícil de ser concluido de las circunstancias que lo envolvían.

Hay casos, no obstante, de niños o adultos que se recuerdan con increíble nitidez de episodios sobresalientes de existencias anteriores o hasta incluso de vidas enteras, con identificación, en la existencia actual, de personas que, en otros tiempos, desempeñaron papeles de villano, de amigo o de parientes. A propósito es bueno reiterar: no es por acaso que las personas se unen.

Si no fuese ser indiscreto con mis familiares, podría escribir una novelita de muchos capítulos narrando las diversas historias que, juntos, vivimos en el pasado, en diferentes existencias y contextos.

Esos aspectos, no obstante, son de extrema delicadeza y tocan puntos muy sensibles de la mayoría de las personas. Amigos espirituales me dijeron, cierta vez, que fui preparado para conocer algunos (digo, muchos) episodios de mis experiencias pasadas, en razón de la tarea que me cabría desempeñar aquí, en la carne. No sé, sin embargo, si aquellos que me cercan y a mí se ligan por lazos de afección, parentesco o profesionales habrían sido igualmente preparados para absorber ciertos impactos susceptibles de crear conflictos íntimos.

Observamos que en las experiencias de regresiones promovidas tanto por la Dra. Wambach cuanto por la no menos competente Dra. Edith Fiore hay siempre cuidados en testar previamente el conocimiento de eventos traumáticos ocurridos en el pasado y potencialmente explosivos, si suscitados en el presente. A veces es preciso adiar o hasta incluso abandonar la investigación, a fin de que no suceda que la persona se quede aún más perturbada de lo que está.

Esto me hacer recordar un hombre que deseaba liberarse de inexplicable claustrofobia y que se sintió profundamente decepcionado consigo mismo al descubrir que en antigua existencia había sido pirata, de aquellos que asaltaban navíos cargados de riquezas, en alto mar, y después iban a esconder los tesoros en una isla secreta. La intención de ellos era la de "jubilarse" un día de sus actividades criminosas, para entonces poder llevar una vida mansa y respetable.

En una de las excursiones hechas a la isla para esconder el producto de los más recientes asaltos, un túnel cavado en la tierra desmoronó y él murió soterrado, a pocos pasos de la inútil riqueza.

En eso, también, el recuerdo se había quedado en el subconsciente, pero no se había apagado y consistentemente enviaba su recado, claro y firme, por intermedio de la desagradable e inexplicable sensación de claustrofobia.

Reiteramos, no obstante, que en algunas personas, especialmente niños, tales recuerdos son de impresionante realismo. Es bueno que usted, mamá o papá, sepa cómo considerar problemas de esos con sus hijos.

Es lo que podremos ver a seguir.

15. Personas Que se Acuerdan de lo Olvidado

DE LOS SEISCIENTOS CASOS investigados y catalogados, hasta entonces, el Dr. Ian Stevenson (twenty cases suggestive of reincarntation) publicó, en 1966, apenas veinte, de niños que espontáneamente se acordaban de existencias anteriores, con mayor o menor riqueza de detalles, pero lo suficiente para producir evidencias satisfactorias, escrupulosamente conferidas por el eminente científico.

El Dr. Stevenson, con el cual tuve el honor de mantener alguna correspondencia epistolar, es una personalidad destacada en los medios científicos internacionales, ejerciendo el prestigioso cargo de director del Departamento de Psiquiatría de la Universidad de Virginia, en Estados Unidos. Es cierto que enfrentó resistencias y hostilidades al presentarse corajosamente, como científico moderno, competente y de elevado status, dispuesto a aceptar la validez de la doctrina de las vidas sucesivas. Fue un pionero. Sin duda, influyó para que, hoy, transcurridos cerca de 30 años del lanzamiento de su importante estudio, la realidad de la reencarnación comience a ser discutida, investigada y, finalmente, aceptada, incluso porque muchos otros estudios, documentos, relatos y testimonios personales sobre el tema han sido divulgados, encorajados o suscitados por la actitud del Dr. Stevenson.

Aunque con los resguardos y cuidados naturales que un científico responsable coloca en sus conclusiones, el Dr. Stevenson ya se inclinaba francamente, en aquella época, por la doctrina de la reencarnación, después de haberla confrontado con las variadas alternativas, también dignas de examen. Esa postura se amplió y se consolidó posteriormente, como pueden verificar quienes acompañaron el trabajo del ilustre investigador.

Vale la pena recordar que un factor específico contribuyó para que Stevenson comenzase a encarar con simpatía lo que, para él había sido, de inicio, apenas una hipótesis: los casos de niños que presentaban marcas de nacimiento (birth marks) debidos a heridas recibidas en vidas anteriores, y, por tanto, en otro cuerpo físico.

En el transcurso de éste (capítulo) [escribí en la página 340 de su libro, de 1966] solicitaré la atención del lector para un tipo de evidencia (marcas y deformidades congénitas) que también no podemos atribuir a la hipótesis de la percepción extrasensorial y que, en casos aceptables, solamente podría ser explicada por alguna influencia en el organismo físico anterior al nacimiento.

Es posible, por lo tanto, que el lector y la lectora puedan, inesperadamente, tener un niño en la familia que se acuerde de una o más de sus existencias anteriores. Tales recuerdos espontáneos, más comunes de lo que parecen, no siempre son notados, sea porque las personas que conviven con el niño no tienen la mínima noción de lo que le pasa, sea porque atribuyen a los episodios ocurridos y las referencias hechas por el niño a fantasías o a su sobrexcitada imaginación.

Sería de admirar que en el transcurso de tantos años de convivencia con la realidad espiritual, alertado para sus demostraciones y evidencias, yo no hubiese tenido, como tuve, la oportunidad de testimoniar algunos episodios de esos. Vimos, hace poco, casos en que, sin que se recuerden específicamente de las vidas anteriores, los niños manifiestan síntomas y secuelas que son posteriormente identificados con situaciones vividas en el pasado. En el caso de la querida primita ex guerrillera maquis, claro, no nos fue posible, por lo menos por el momento, identificar su personalidad anterior. Lo más correcto es que no sea realmente posible hacerlo, a no ser por un complejo juego de "conciencias". No importa.

El caso relatado por el Dr. Jorge Andréa no ofrece, igualmente, el componente del recuerdo espontáneo. Sé, sin embargo, que se desdobla por dentro de un esquema previsible, reflejándose claramente, en el niño, trazos sobresalientes e incuestionables de la personalidad anterior, del cual el joven es la continuidad. No sé hasta qué punto Andréa pretende (debería o podría) dar proseguimiento a sus interesantísimas observaciones, pero tengo la certeza de que si fuera posible la divulgación de los hechos, sin perjuicio a la personalidad del niño, tendríamos un testimonio del mayor interés científico e del mejor contenido humano, a parte de los curiosos aspectos históricos.

De un caso que pude observar en primera mano, o sea, de un testimonio personal colocado a mi disposición por una persona adulta, me he utilizado de amplio y rico material de estudio en ese sentido.

Se trata de una mujer que durante toda su existencia, desde los primeros años de infancia, convivió con una fantástica multiplicidad de fenómenos de ese tipo, que la llevaron a reconstruir, por lo menos en sus episodios de más destaques, no apenas de una, pero de varias existencias. Además, le fue posible observar el sutil mecanismo secuencial que llevan unas existencias a que se encajen – con precisión, diríamos, milimétrica – en las otras, según un planeamiento coherente, inteligente y claramente finalista, o sea, dirigido para objetivos conclusivos.

Algunos de los aspectos del material que la señora colocó a mi disposición fueron utilizados en dos de mis libros anteriores (El espiritismo y los problemas humanos y El exilado) y seria desnecesario repetirlos aquí, aunque bajo diferentes angulaciones y abordajes. Apenas para ejemplificar, deseo referirme a uno de esos "encajes" secuenciales evidenciados en el material que tan abundantemente afloraba en su percepción.

En una de sus existencias anteriores, elevada la destacada posición de mando y poder, permitió o determinó que algunas personas fuesen sacrificadas, por motivos políticos. Tres o cuatro vidas después, una incurable enfermedad genética promovería el inevitable "acierto de cuentas" con las leyes divinas. Como en otros tiempos, el sacrificio humano fue sangriento: ¿dónde, sino en su propia sangre, se instalaría la marca del equívoco? Fue lo que le sucedió. A cierta altura de su vida – una existencia nada fácil, en términos de privaciones, angustias, renuncias, humillaciones y no pocas conquistas, a despecho de tanta agresividad – la joven descubrió que estaba sufriendo de anemia falciforme. Ninguna otra enfermedad habría sido más precisa para enseñar a una persona la importancia que tiene la sangre para el ser humano. La vida de la persona portadora de ese tipo de anemia es una constante lucha contra la insuficiencia de la sangre para distribuir, por el cuerpo físico, las necesarias cuotas de oxígeno, debido a la precariedad y escasez de un elemento vital al proceso – ¡las hematíes!

En otro caso de memoria espontánea de existencias anteriores, un señor, que identificamos como André, se vio inesperadamente involucrado. Había sido presentado a una simpática y gentil señora que estaba en compañía de una nietecita de siete años incompletos, el cual la llamaremos de Renata. Fácilmente atraído por niños, André se dirigió a la nueva amiguita algunas palabras de cariño y se agachó a su altura para darle un beso en la mejilla.

Era escaso, en aquel momento, el tiempo para una conversación, pues él tenía un compromiso en algunos minutos. Después de afectuosa despedida, cada uno partió por su lado. Pocos días después comenzaron a llegar a André noticias de la nueva amiguita, que como luego se supo que era amiga, sí, pero nada reciente, por el contrario, era un afecto de la mayor pureza, de muchos y muchos siglos. El encuentro, o, por otra, el reencuentro, causó Renata (y a él, naturalmente) considerable impacto emocional y parece haber destrabado en el psiquismo de ella su video tape personal de recuerdos. Sin saber cómo ni por qué, ella comenzó a hablar de aspectos de la vivencia de él, de los cuales no podría, bajo circunstancias normales, tener el mínimo conocimiento consciente. Ella no especulaba o imaginaba cosas fantásticas – ella simplemente sabía de hechos y situaciones con impresionante precisión. Y además, parecía conocer, con la misma seguridad y convicción, trazos de la personalidad y psicológicos de su amigo.

Esa niña, que en la presente vida no tiene ningún vínculo de parentesco con André, comenta con naturalidad y espontaneidad situaciones de su vida anterior. Viviendo ahora en un hogar equilibrado, con padres amorosos y de tranquila situación financiera, ella habla de una existencia anterior de privaciones e incomodidades, durante el cual no tenía ropas adecuadas, ni una casa razonable para vivir. Se recuerda, de que la "otra madre" no podía, ni siquiera, hacerle una modesta torta de cumpleaños. No parece, no obstante, guardar resentimientos de tales probaciones y privaciones. Y, paradoxalmente, ningún gran entusiasmo demuestra por la vida actual. Es una de las que habrían preferido quedarse donde estaban antes de nacer.

– Yo no quería nacer – dijo cierta vez la madre.

– Uy, ¿pero por qué?

– Ah, porque no. Yo no quería volver y comenzar todo, otra vez, no.

– Pero usted está bien contenta; se despierta todos los días feliz y sonriendo...

– ¡Uy! .Ahora ya nací de nuevo! No sirve de nada...

Su nacimiento, en esta existencia, a propósito, envolvió complicaciones que llegaron a poner en riesgo su vida y, obviamente, a la de su madre. El hecho de haber conseguido superar tantas dificultades es, en sí mismo, lo que más próximo estaría de ser un milagro, si esta palabra no estuviese tan desgastada.

La primera alusión de Renata a una vida anterior – espontánea, como las demás – ocurrió entre los tres y cuatro años. Decía llamarse Shi-Ni-Nin y que era de China o japonesa (ella confunde un poco las dos nacionalidades). Se recuerda de haber sido danzarina y además es capaz de reproducir movimientos y expresión corporal de danzas orientales. El interés por la China permanece en la existencia actual.

Fue, sin embargo, a partir del encuentro con André que comenzó a reproducir, con mayor frecuencia y detalles, recuerdos suscitados, usualmente, por pequeños incidentes de la vida diaria. La madre no los provoca ni fuerza a la niña, limitándose a oír los relatos con el mayor interés y, ciertamente, con fuerte carga de emoción. El interés se traduce en atención y en preguntas sencillas que dan secuencia a la narrativa.

Veamos dos ejemplos, apenas, para no alargar demasiado el texto.

1° Ejemplo:

Cuando el padre se negó a comprarle una pequeña nevera de juguete, de esas que vienen con las miniaturas correspondientes, ella fue a quejarse a su madre, que justificó la recusa con diplomacia:

– Hija mía, su padre no es rico, no puede comprar todo lo que usted quiere.

Y ella, muy firme, positiva y franca, como de hábito, hizo el siguiente "discurso":

– ¡No es verdad! Primero, yo no quiero todo. (Lo que es verdadero, pues ella no es exigente, se contenta con poco y tiene una noción muy buena del significado de dinero.) Y también no es verdad que él sea tan pobre así. Mi otro padre, cuando necesitó arreglar el techo de nuestra casa, tuvo que pedir a uno y a otro, porque no tenía nada. Este aquí, no. Compró este departamento viejo y feo y lo reformó todo sin pedir un níquel a nadie. ¿Eso es ser pobre? Y cuando yo pido una neverita así no más él dice que no tiene dinero...

– Entonces – dijo la madre –, ¿usted no está feliz con su padre de ahora?

– No – dijo ella, después de un momento de reflexión. – Estoy, sí. Me gusta mi padre Zé Carlos, sí.

2° Ejemplo:

Otro episodio de contenido emocional denso ocurrió cuando la familia pasaba algunos días en la casa de la playa, en el litoral fluminense. Eran, al todo, seis personas: Renata, la madre, el hermano, una tía y dos primas. Renata insistía en entrar en el mar, que estaba agitado en aquella mañana. Ella nada muy bien, se sumerge, se demora en el agua y no tiene el menor recelo. La madre es que se queda afligida con su osadía. Ella parece considerar el mar un viejo amigo para ser amado y no el poderoso gigante a ser temido.

– Pero, mi hija – reitera la madre, ante su insistencia –, el mar está muy fuerte. Es peligroso.

– Yo tengo cuidado.

– Pero el mar está demasiado agitado y sabes que me muero de miedo. ¿Ya imaginaste si te ahogas? ¿Qué cuentas voy a darle a tu padre de ti?

– Ah, ¿es eso? Entonces puede quedarse sosegada. Yo ya morí ahogada una vez. Pero ahora no voy a morir de nuevo, no.

Tía y madre se miraron.

– ¿Tú ya moriste ahogada? – pregunta la madre. – ¿Qué historia es esa?

Fue el "disparador" de la historia, que representa un conjunto de fragmentos de más una dramática existencia, pobre, sufrida y a lo que parece, corta.

Ella vivía con la familia – padre, madre y dos hermanos – en una choza en las proximidades del mar, pero no en la playa propiamente. El padre vivía de trabajillos, sin trabajo fijo. Eventualmente, comían un poco de pescado, dado por algún pescador más caritativo. La madre pedía limosnas, en compañía de Renata. ¿Si tenía vergüenza de pedir?

No. Eran realmente pobres, ¡uy! No había otra manera... La choza era cubierta de paja. Baño, sólo en el mar (de ahí, su familiaridad con él), pero como no poseían ropas apropiadas explica, con la mímica adecuada, que era necesario enrollar el vestido hasta el cuello y entrar en el agua con el calzón. Como también no tenían toallas, debía esperar, después, que el cuerpo y la ropa se secaran.

En aquel trágico día, ella había tenido una discusión (que no especifica) con "un viejo que vivía al lado". Disgustada, le dijo a la madre que iría a bañarse en el mar. Aún presa, tal vez, al desagradable incidente con el vecino, no se dio cuenta que entró muy adentro. Una ola más fuerte la dominó y ella se ahogó. La playa estaba desierta, en aquella hora. Había apenas un barco en la distancia, pero no daba para que la escucharan gritar.

A esa altura de la narrativa, se hace un silencio denso de emociones, pues todos allí se sintieron involucrados en la dramática atmósfera que se había creado. Al cabo de algunos instantes, el hermano de Renata se recuerda de preguntarle si ella tenía hermanos. Ella informa que eran dos, uno de tres años de edad y otro de diez. Su nombre era Bibi y el hermano mayor se llamaba Guillermo. Del otro, no se acuerda del nombre. (¿Habría sido en Brasil? Poco probable. Guillermo es nombre común a muchas lenguas: William en inglés, Wilhelm, en alemán, Guillaume, en francés, Guglielmo, en italiano, etc.)

Para quebrar nuevamente el silencio, la madre hace una pregunta más:

– ¿Y su amigo André? ¿Dónde es que él entra en esta historia?

Todavía como que retenida en las mallas de la remota memoria, en una especie de transe, la expresión del rostro se ilumina de ternura y ella informa que él era un hombre muy bueno que frecuentaba aquellas parajes. Le daba ropas, juegos, dulces, calzado, de todo, en fin. Y le daba limosna a su madre.

Cuando le preguntaron con qué edad murió, ella, todavía con la mirada distante y vaga, escribió en la arena el número 12, diseñando el alguarismo 1 al contrario. Regresa al tiempo en que no pasaba de una pobre mendiga analfabeta, parece haber escrito el número con la memoria de entonces, pero con los recursos de esta vida, en el cual apenas comienza a desvendar los misterios de las letras y alguarismos. Hay muchos ejemplos de tales anacronismos.

La importancia de su testimonio no se limita a lo dramático de los episodios con que ilustra sus convicciones, pero alcanza realmente el tenor de tales convicciones, en la firmeza y naturalidad con que considera la muerte, acertadamente, como simple mecanismo de renovación de la vida.

– No sé por qué todo ese drama – comentó ella, a propósito de un personaje de una película de la tv, que se mostraba aterrado ante la perspectiva de la muerte. – Morir no es nada. Yo ya morí muchas veces. Sólo que me acuerdo, que es la cuarta vez que estoy volviendo...

Después de un día en que había ayudado a su madre más de lo que de costumbre, a fin de suplir, en la medida de sus fuerzas, la ausencia de la empleada, la madre agradecida, la besó y le dijo:

– Pero qué hija bonita y buena para la madre de ella que yo tengo. Sabe, a veces no creo que seas de verdad hija mía. Que yo tenga una hija así tan buena.

– De eso puede usted tener certeza – comenta ella con seguridad. – Soy su hija, sí. Yo era un espíritu. Ahí entré en su barriga y ahora soy su hija.

Como se puede observar, Renata es un ser maduro que trae para la nueva existencia un conjunto de solidas convicciones, lo que se revela en la extrema competencia en evaluar situaciones y expresar sus ideas. Mismo a través de su inmadurez biológica se percibe la vasta experiencia acumulada en el pasado, en otras vidas. Aunque refiriéndose apenas a cuatro de esas existencias, es fácil percibir que estamos ante un ser dotado de impresionante potencial y hasta incluso de un tipo de autoridad que la sabiduría confiere a las personas que la poseen. Tuvimos de eso inesperada demostración.

Cierto espíritu rebelde y difícil, del cual veníamos cuidando en nuestro grupo, se presentó cierta noche como que sin alternativas y sin espacio para insistir con su obstinado rechazo a nuestro acogimiento amoroso. Ella había exigido, de que él fuera a hablar con nosotros. El vínculo afectivo que los une, de un pasado que ignoramos, pero que está allí, presente, era a única amarra que aún lo prendía a la esperanza de recuperación, pues mucho había errado por los caminos de muchas vidas...

Observen, a seguir, como esta niña coloca, en su propio testimonio, el sello de la autenticidad.

Después del relato de la vida difícil, en que murió ahogada, la madre, consternada ante todo aquel sufrimiento, pregunta:

– Diga, Renata, ¿por qué te acuerdas de esas cosas?

– No sé, madre. Yo me acuerdo. No sé por qué.

– Pero – insiste la madre – a todo el mundo le gusta de recordar la cosas buenas que nos sucedieron, pero tú sólo te acuerdas de las cosas malas. ¿Por qué?

– Porque es verdad – dice ella, con desconcertante y lógica simplicidad. – Si mintiera, yo no me acordaba.

¡Cuántas enseñanzas tienen ciertos niños para transmitirnos! En mi libro La memoria y el tiempo adopté el mejor concepto que encontré para caracterizar los enigmas de la memoria:

– La memoria – dijo un niño anónimo – es aquella con lo que las personas se olvidan.

¿Y no es así? Pues sólo podemos olvidar aquello que, un día, supimos, o, como dice Renata, aquello que, un día, fue una de las verdades de la vida.

El recuerdo de episodios secuenciales o aislados, de una o más vidas, puede ocurrir de varias maneras: por flashes rápidos de vivencia, bajo la apariencia de sueños, en estados semejantes al onírico, o suscitada por incidentes varios, en la vida presente, y que parecen establecer confrontes o simetrías. Creo, sin embargo, que son más comúnmente provocadas por encuentros con determinadas personas que, de una forma o de otra, tuvieron con nosotros algún tipo de relacionamiento, sea en el campo florido del amor o en el túmulo de pronunciados desafectos.

La literatura especializada tiene casos bien documentados que las reencarnaciones fueron previamente anunciadas y cumplidas. Dos de esas, a propósito, ocurridas en Brasil, en la familia del erudito profesor Francisco Waldomiro Lorenz, fueron incluidos por el Dr. Ian Stevenson en su libro citado. En uno de ellos, la persona anunció, todavía en vida, su futura reencarnación en la familia Lorenz y cumplió la palabra, como se puede verificar, con abundancia de elementos evidentes investigados por el eminente psiquiatra americano.

En el caso de la niña adormecida, que despertó apenas para saludarme con una bella sonrisa, no ocurrieron, de parte de ella, recuerdos espontáneos de la existencia anterior. Las personas que conviven con ella, entretanto, y que la conocieron, aún en la condición de espíritu, tuvieron la oportunidad de identificarla con precisión, en el siglo pasado, en Francia. Por eso no fue difícil prever que sería una niña brillante, hábitos un tanto aristocráticos, inclinaciones artísticas, posiblemente literatas, delicada sensibilidad y amor a la cultura del espíritu. Es lo que está sucediendo con ella.

No se preocupen, no obstante, los padres de tales niños, si el caso les ocurriera en la familia, en identificar de cualquier manera las personalidades anteriores. Es preferible, casi siempre, dejar las cosas como están. No es sin razón que nos olvidamos de las existencias anteriores, como vimos. Es bien más confortable para nosotros.

Si, todavía, situaciones o personas nos lleven a esta o aquella identidad pasada, conocida o desconocida, famosa o anónima, no nos dejemos impresionar. Lo importante es dar apoyo y amor a la persona que vino a animarse entre nosotros, para que podamos todos llevar a buen término nuestros respectivos programas de vida, dando continuidad al proceso evolutivo de cada uno y de todos. Es todo esto una fina y misteriosa trama, cuyo sentido sólo iremos a percibir más tarde, mismo porque usted no consigue ver el diseño de la alfombra, contemplando apenas uno de sus hilos.

No se asuste el lector con revelaciones o confirmaciones. Procure ser natural, aunque interesado, sin excesiva curiosidad, pues podrá inhibir al niño o despertar en él emociones y tendencias que queden mejor donde están, o sea, abajo del nivel que Myers acostumbraba a llamar de subliminar. En otras palabras, a la solera de la consciencia, pero sin perturbar el funcionamiento de ésta, una vez que precisamos de ella para los trabajos de esta vida.

Sea como fuera, consciente o no de nuestro acervo de experiencias, depositado en la memoria integral, todo eso interactúa y contribuye para que el resultante sea siempre aquella que mejor convenga a nuestro proceso evolutivo.

Si el niño comienza a hablar sobre vidas anteriores, sobre padres y hermanos que tuvo, la casa en que vivía, las ropas que vestía, no se asuste, no lo reprenda, no lo presione para decir más de lo que sabe o quiere. Déjelo hablar, óigalo con atención y respeto, no lo ironice, ni lo castigue o reprenda por eso. Oiga, comente, demuestre cuánto usted lo está llevando a serio lo que él dice. Mismo que haya algún bordado fantasioso en su pequeña narrativa, el núcleo debe ser auténtico. Los niños son dotados de gran pureza y sinceridad, especialmente en los momentos en que asumen un espíritu en razonable nivel de madurez, que sabe muy bien de lo que habla, aunque no consiga expresar todo lo que sabe y siente, a través de un cuerpo que todavía no le ofrece el mínimo de condiciones que precisaría para ello. El niño no tiene todavía un vocabulario satisfactorio, ni sus mecanismos cerebrales pueden responder como el de un adulto.

Por lo tanto, déjelo hablar. Y oiga cariñosamente lo que tiene que decir. Es hasta posible y muy probable que él transmita informaciones de gran utilidad al entendimiento de aspectos más oscuros de su personalidad, con lo que usted podrá ayudarlo mejor en el encaminamiento que él pretenda imprimir a su vida.

Otra cosa importante: niños en los cuales tales fenómenos ocurren acostumbran a ser dotados de aguda sensibilidad, precisamente porque, a pesar de las inhibiciones naturales que el cuerpo, aún inmaduro, ofrece, consiguen expresar mucho de lo que les va en las profundidades del ser. Eso quiere decir que pueden, paralelamente, presentar condiciones mediúmnicas en potencial y para los cuales es preciso que estén los padres atentos y bien informados.

Este será nuestro próximo tema.

16. No es Trágico ser Médium

"MEDIUM", ESCRIBIÓ ALLAN KARDEC, con su habitual precisión de lenguaje y economía de palabras, "es la persona que puede servir de intermediaria entre los espíritus y los hombres."

Seamos igualmente económicos, incluso porque no disponemos de espacio para cuidar más exactamente del asunto, que traemos para este libro apenas como introducción indispensable al tema de este capítulo. Al lector interesado no le faltarán obras especializadas que le proporcionarán informaciones más amplias, a comenzar, evidentemente, por El libro de los médiums, del propio Kardec. Supongo (y espero) que también leerá con provecho mi libro Diversidad de los carismas, en el cual el asunto es tratado con amplitud.

No es nada imposible que el lector venga a tener, en su familia, uno o más niños dotados de sensibilidad necesaria para "servir de intermediario entre los espíritus y los hombres", conforme caracterizó Kardec.

La mediumnidad es, de hecho, un tipo especial de sensibilidad o percepción dirigida para este o aquel aspecto del mecanismo de la comunicación entre nosotros y los seres invisibles. Por cierto, el lector no debe olvidarse de que los propios niños, como vimos hace poco, eran espíritus, y, a no ser por las personas dotadas de facultades especiales, no podrían ser vistos, escuchados, tocados o percibidos por el común de las criaturas mientras estaban del "lado de allá de la vida". Yo, por ejemplo. Nunca vi un espíritu. Acostumbro a decir que si dependiese de mi testimonio personal de videncia o de audiencia, yo no aceptaría nada de eso. Felizmente eso no ocurre pues los fenómenos naturales nada tienen que ver con nuestras creencias o descreencias – ellos simplemente son lo que son.

Si, entonces, algún niño suyo, de su familia o de amigos y conocidos comienzan a presentar indicios o manifestaciones de nacimiento facultades mediúmnicas, no se asuste, no se aflija, no se espante, ni procure reprimir las manifestaciones, con lo que solamente podría complicar desnecesariamente las cosas. La Mediumnidad, como decíamos, es un tipo especial de sensibilidad, percepción o acuidad para ciertos aspectos de la vida que acostumbran escapar a nuestros cinco sentidos habituales. La persona saludable, serena, equilibrada y razonablemente instruida acerca de tales fenómenos tiene condiciones para ejercerla de manera adecuada y provechosa para sí y para los otros.

No reciba, pues las primeras señales o síntomas de sus manifestaciones en pánico o con mal disfrazada hostilidad, temor e inquietud. Deje que la cosa venga naturalmente, sin forzar su desarrollo extemporáneo y sin intentar reprimirlo con aspereza. Observe lo que ocurre con el niño, sin asustarlo. No es ninguna desgracia tener hijos o hijas dotados de facultades mediúmnicas; al contrario, es una bendición en potencia, si todo fuere encaminado de manera correcta, dentro de un contexto de equilibrio y buen sentido. Al final de cuentas los espíritus son gente, tanto como nosotros somos espíritus. ¿Por qué no podríamos entendernos y establecer un intercambio provechoso, a través de los canales mediúmnicos que la propia naturaleza nos proporcionó para esa finalidad?

Así, si el niño dice que está viendo cosas o personas que usted no consigue ver, u oye sonidos y voces que sus oídos no captan, no salte, afligido, a la apresurada conclusión que él se está poniendo loco. Tenga calma, observe, medite, consulte a quién entienda del asunto y no tome actitudes precipitadas y apresuradas, como prohibiciones, amenazas, castigos, presiones y gritarías.

Muchas mediumnidades fecundas, en verdad la gran mayoría, comienzan con manifestaciones esporádicas y fragmentarias en la infancia. Es sólo leer los relatos acerca de algunos médiums confiables. Usted encontrará en inúmeros testimonios referencias documentadas de la fase inicial de la Mediumnidad, cuando no siempre los fenómenos fueron considerados con el necesario equilibrio y buen sentido común por las personas que cercaban al niño y que lejos estaban de comprender y aceptar serenamente los hechos. De otros casos, en que tales actitudes acarrearon conflictos que se arrastraron por toda la vida, ni supimos.

Incluso ignorando, de inicio, las causas y la naturaleza de los fenómenos, la familia debe estar preparada, por lo menos, para considerarlos con sensatez y sin alborotos desnecesarios y perjudiciales.

Raramente el niño es mentiroso compulsivo. Si él dice que está viendo determinada persona u oyendo palabras que hacen sentido, concédale, por lo menos, el crédito preliminar de su atención, mismo porque, si fuese mentiroso, también necesita de atención y cuidados especiales.

Veamos un episodio de estos, que Divaldo Franco me contó.

Él tenía cerca de cuatro años – es uno de sus más remotos recuerdos de su infancia – cuando vio aproximarse a él una señora que le pidió para dar un recado así:

– Diga a Anna que soy Maria Senhorinha – le pidió la persona.

El niño no tenía la menor idea consciente de lo que fuese un espíritu y de que los espíritus se pueden presentar a la videncia de determinadas personas y hablarles. Para él, allí estaba una señora como las otras, que le pedía para transmitir un recado a su madre, Anna.

Divaldo hizo lo que "la joven" le pedía. El problema es que Maria Senhorinha era la madre de Anna Franco y, por lo tanto, abuela de Divaldo. Ni el niño ni su propia madre la habían conocido "en vida", porque ella había muerto precisamente del parto de Anna, que fue criada por la hermana mayor, Edwiges.

Anna Franco intentó disuadir al niño, diciéndole que Maria Senhorinha había sido abuela de él y estaba muerta hace muchos años, y que, por lo tanto, (a su entendimiento) no podría estar allí mandando recados para ella. Personas muertas no hablan con vivos, pensaba ella.

Sea como fuere, Anna Franco se quedó impresionada con la convicción del niño a respecto de su visión, incluso porque tales fenómenos comenzaban a ocurrir con cierta frecuencia con él. Por las dudas, tomó una decisión heroica: lo tomó por la mano y fue a la casa de la hermana, que, victimada por gran disturbio, vivía, hace mucho tiempo, presa al lecho por una parálisis.

En la presencia de la tía, Divaldo fue instruido a reproducir la historia, lo que hizo de la mejor manera posible, en los precarios límites de su vocabulario de entonces, repitiendo fielmente el recado y describiendo a "la joven" que lo había enviado. Era una mujer delgada, de ojos verdes y usaba un vestido blanco, de vuelos plisados, mangas largas y cuello muy alto. Tenía cabellos peinados hacia atrás, presos en un mono, como se usaba antiguamente.

Tía Edwiges no necesitó hablar mucho, pues las lágrimas le corrían por el rostro. Bastó una frase, corta y emocionada:

– ¡Anna, es mamá!

Aquel era el primer testimonio vivo de su naciente Mediumnidad. Anna Franco, aunque desesperada para la inesperada situación, era dotada de innato buen sentido común e inteligencia, a despecho de su escasa cultura general. No se dejó impresionar, ni se asustó más de lo que era de esperarse ante lo insólito. Ya el restante de la familia, especialmente los hermanos – bien más viejos que Divaldo –, no tuvieron la misma serena comprensión de Anna. Para ellos, aquel niño era un tanto o cuanto desajustado.

Algún tiempo después, Divaldo comenzó a tener a un compañero inseparable de juegos. Era un niño, aproximadamente de su edad, y parecía "crecer" juntamente con él. Jugaban, paseaban y conversaban todo el tiempo. El único problema – si es que era de verdad un problema – era que solamente Divaldo veía y oía a su compañero de diversión, lo que, para él, no constituía novedad, ni presentaba dificultades.

Recuerda, hasta, un fenómeno curioso, entre muchos. Ambos jugaban, de tirar por un cordel a un viejo fierro de engomar abandonado. Cada uno con el suyo. Con una diferencia, sin embargo, que Divaldo notó: mientras su "auto" dejaba un surco en la arena, el del otro niño no dejaba ninguna marca por donde pasaba. Preguntado al respecto de la anomalía, el "chico" dio una explicación que, en la época, pareció satisfactoria a Divaldo y no se habló más en el asunto.

En sus conversaciones con los otros, Divaldo siempre se refería a su compañero invisible, que para él era un niño igual a los otros.

No es siempre que tales facultades, en niños, tienen el desdoblamiento previsto en esta o aquella forma de Mediumnidad. Como los recuerdos espontáneos de vidas pasadas, pueden apagarse por vuelta de los diez años de edad. No todas las personas dotadas de facultades mediúmnicas tienen, necesariamente, tareas específicas en ese campo, o sea, no siempre están programadas para el ejercicio activo y pleno en el intercambio regular entre los espíritus y las personas encarnadas. Sin embargo, si estuviesen así comprometidas, necesitarán de apoyo y comprensión de las personas que las cercan, para llevar a buen término sus compromisos, obviamente asumidos en el mundo invisible, de donde vinieron como espíritus, entre una vida y otra. Si padres, tíos, hermanos o amigos no tienen condiciones y conocimientos suficientes para proporcionar la orientación deseable, que por lo menos busquen comprender y considerar con el mejor sentido de solidaridad a aquellos miembros más jóvenes de la familia en los cuales los fenómenos comienzan a revelar indicios vehementes de facultades inhabituales, sí, pero no sobrenaturales o indicativos de disturbios mentales y emocionales. No constituye ninguna tragedia ser médium. Por el contrario, es un recurso concedido para que la persona tenga condiciones de ejercer tan noble función: de intermediario entre las dos fases de la vida, que se dan las manos por encima de las ficticias barreras de la muerte. Trágico puede ser, esto sí, la temosa resistencia de tantos, que llevan una vida entera de desajustes y problemas emocionales y psíquicos porque se recusan a aceptar las cosas como son, o sea, a ejercer las facultades con que vinieron dotados, a fin de, que con ellas, sirvan al prójimo.

Considere tales predisposiciones como la revelación de un talento, como otro cualquiera. Si su hijo o hija denota inclinación para la música, la literatura, la ciencia o el deporte, usted todo hará para que él o ella, pueda seguir el rumbo que lo llevará a la realización de sus sueños y aspiraciones. ¿Por qué no proceder de la misma manera cuando los indicios apuntan la dirección de la facultad mediúmnica?

Se suma que la Mediumnidad puede y debe ser ejercida sin interferir con ninguna otra actividad normal, saludable y honesta del ser humano. No se trata de una profesionalización, un régimen de dedicación exclusiva, en tiempo integral. Los mejores médiums de nuestro conocimiento siempre consiguieron conciliar su participación en la sociedad y en el ejercicio profesional con el trabajo regular y disciplinado del intercambio espiritual, durante años corridos, en grupos equilibrados y bien dirigidos.

Un amigo mío, muy querido, dotado de privilegiada inteligencia y de respetable cultura general, desempeñó, a entera satisfacción, sus responsabilidades como funcionario graduado y ejemplar de un gran banco, paralelamente con sus excelentes facultades mediúmnicas.

No procedieron de modo diferente médiums como Chico Xavier, Waldo Viera, Divaldo Franco, Zilda Gama e Yvonne Pereira, para citar unos pocos, de los más conocidos. Chico se jubiló, después de largos años, de modesta y asidua actividad burocrática en un órgano público del estado de Minas Gerais. Waldo Vieira ejercía, cumulativamente con su Mediumnidad, la profesión de dentista y, posteriormente, la de médico. Divaldo trabajó, hasta jubilarse, como funcionario de una entidad de previdencia social. Zilda Gama fue profesora, como también de lo que sé, Yvonne Pereira. Ninguno de ellos profesionalizó la Mediumnidad, ni permitió que el ejercicio de sus facultades interfiriese con la actividad normal de seres humanos participantes, dinámicos, interesados en los problemas habituales de la vida.

Es cierto que, una vez manifestada en su familia, la mediumnidad configura una responsabilidad para el niño y para los padres y demás personas que la cercan. Es necesario aceptar, comprender y entender lo que se pasa, a fin de ayudar el niño, en el tiempo correcto y en el ritmo que le sea adecuado, a seguir su camino. Nada, sin embargo, de sustos, reprensiones, ironías o temores.

Para relatar un caso específico de mediumnidad infantil emergente, encontré mejor abrir un espacio en el capítulo a seguir, incluso porque son muy instructivas para las finalidades de nuestro estudio las inteligentes y moderadas actitudes de la madre del niño que, a pesar de no estar familiarizada con los aspectos espirituales correspondientes, tuvo el buen sentido de aceptar las ponderaciones de una amiga versada en tales cuestiones y en el cual ella confiaba.

17. Don Bial y su Amigo Blatfort

FISICAMENTE PERFECTO Y saludable – había nacido con cuatro kilos y doscientos gramos –, ese niño parecía feliz y tranquilo. Luego se percibió, no obstante, que se agitaba bastante durante el sueño y parecía que tenía pesadillas. Con tres meses de edad, refunfuñaba mientras dormía y hasta gateaba, lo que todavía no hacía en vigilia.

Fue en ese período, en que todavía no disponía de un mínimo de vocabulario para decir lo que pensaba, que comenzó a manifestar verdadero horror por escenas de violencia. Hasta una simple discusión más vehemente lo dejaba en pánico, muy pálido y en llanto. Otro aspecto que contribuía para componer un cuadro medio traumático, era el pavor que suscitaba en el niño cualquier ruido que le recordase un tiro de arma de fuego. En vez de mero susto, que sería normal, él se ponía literalmente aterrorizado, rígido y pálido, incapaz de emitir un sonido. Cierta vez, después de calmado por el padre, que le había garantizado su protección ante una serie de estampidos de fuegos artificiales en la vecindad, el chico consiguió exponer sus razones (ya era un poco mayor):

– Bebé estaba sentado – explicó, muy serio –, hermano entró y: pum!, pum!, pum!

El dramático relato fue acompañado del gesto característico: el dedito apuntando como arma de fuego. No es necesario hablar de la emoción del padre, al oír aquello de un niño de un año y medio.

Vivió los años siguientes, hasta por los seis, siempre en sobresalto ante la simples visión de cualquier arma de fuego, incluso de juguete, de esas que padres desavisados acostumbran a dar a los hijos pequeños.

– Madre – preguntaba él –, ¿el guardia tiene un revolver? ¡Revolver mata! ¿Guardia mata bebé?

Era necesario asegurarle que el policial no estaba allí para matar al bebé.

Ahí por los seis años, entró espavorido en la casa y saltó al cuello de la madre, a llorar. Momentos después, entró una niñita de ocho años con un revolver de plástico en la mano. Estaban jugando de "el jovencito y el bandido" y ella sacó el arma.

Sin saber cómo cuidar de aquella psicosis que también la ponía de sobresaltos y aflicción, la madre comentó la situación con una amiga, que le dio un consejo inclinado en una hipótesis, la única aceptable bajo tales condiciones: probablemente el joven había sido asesinado a tiros en existencia aún reciente, y el recuerdo del episodio se transfería para la presente. En vez de reprimirlo o reprenderlo, lo mejor era una conversación adulta y franca, de la cual se encargó la amiga, en la presencia de la madre.

– Flavito – comenzó ella –, nosotros vivimos muchas veces. Nace, crece, envejece, muere y después nace otra vez. Alguien ya te mató con un revolver u otra arma cualquier. Pero eso fue hace mucho tiempo. En otra vida. Tú naciste otra vez y ahora tienes otra vida. Y en esta vida nadie te va a matar de nuevo con un arma. No necesitas tener miedo.

– ¿Entonces yo ya me morí, Didi?

– Ya, sí, amor. Ya

– ¿Alguien me mató y yo nací otra vez?

– Exactamente.

– ¿Y no más van a matarme?

– No, no van. Ahora tú tienes un papá, la mamá y yo. Y nosotros no vamos a dejar que nadie te mate.

– ¿Yo nací de nuevo? ¿De la barriga de mamá?

– Eso mismo.

Como se puede observar, el niño observó con naturalidad la explicación y formuló sus propias deducciones complementares. En realidad el concepto de nacer de nuevo parece haber despertado en él un profundo interés, porque él volvió varias veces al asunto, buscando más información. Eso parece haberlo tranquilizado, al punto de poder, con el tiempo, hasta tocar en un arma de juguete, a pesar de que jamás la quisiese para sí mismo.

En la fiesta del primer cumpleaños, Flavio reveló otro ángulo traumático de sus memorias ocultas. Fue todo muy bien hasta el momento en que se hizo silencio para el inicio del clásico canto del feliz cumpleaños. El niño se quedó lívido y tenso, dio un grito y se puso a llorar a los berros. La amiga providencial, considerada por la familia – y por el niño – como segunda madre, lo retiró de la fiesta y lo llevó para su departamento, al lado. Con mucha dificultad, el niño se calmó, para caer en visible estado depresivo, caracterizado por un lloro sentido y continuo, con el cual, obviamente, traducía emociones profundas que, de otra forma, no tendría como expresar.

Un análisis posterior de la situación llevó a la conclusión de que, por ser el primer cumpleaños, él tal vez se hubiese asustado con toda aquella agitación, y el incidente luego fue olvidado.

En el segundo cumpleaños, de esta vez en su propia casa (el anterior había sido en la casa de su abuela), se repitió el hecho, para consternación general. Madre y abuela, sin saber qué pensar y cómo proceder, también se pusieron a llorar. Nuevamente la amiga tomó al niño en los brazos, lo retiró del ambiente y salió con él, buscando distraerlo, hasta que se tranquilizase, lo que demoró bastante.

La amiga (que el niño trataba de Didi) buscó a la madre para una conversación esclarecedora. Decididamente, ella entendía, que había en la memoria de él un episodio altamente traumático ligado a aquel tipo de fiesta y, más específicamente, al momento en que todos asumían una actitud más o menos solemne. Era hasta posible que el asesinato a que él se refería, en su lenguaje infantil, hubiese ocurrido en semejante fiesta de cumpleaños o casamiento, en existencia anterior. Fuera como fuera, parecía indicado, para el caso una reformulación en las fiestas, o, eventualmente, la suspensión de ellas, si fuese el caso. De ahí en adelante, las cosas se acomodaron. Las fiestas de cumpleaños continuaron a reunir a los amiguitos, había torta y juegos, pero nada de cantar el feliz cumpleaños. Las velitas permanecían apagadas, y en el momento que se juzgase apropiado, la madre cortaba la torta, sin ninguna solemnidad especial.

Pero el trauma no se limitaba a las fiestas personales. Incluso en fiestas ajenas, él sentía la inevitable opresión del drama íntimo. En el momento de la solemnidad del canto de feliz cumpleaños, él huía para otro lado, donde podría ser encontrado deprimido y, usualmente, en lágrimas.

A los cuatro años de edad un episodio de esos dio margen a una solución inteligente para el caso. Contra su voluntad expresa, pero en obediencia a la autoridad materna, Flavito no tuvo alternativa sino acompañar a su madre a una de las detestadas fiestas en casa de amigos. Acompañar era bien la palabra, pues él seguía a cierta distancia, con evidente mala voluntad. A cierta altura ella paró para esperarlo y notó, consternada, que las lágrimas caían de sus ojos.

– ¿Qué es eso, hijo mío? ¿Estás llorando? – preguntó.

– Pues sí, madre. Usted sabe que no me gustan las fiestas, pero me obliga a ir... entonces yo voy.

Fue el toque que faltaba para que la madre entendiera, en toda la extensión y profundidad, el drama del niño. Bastante conmovida, ella se agachó, le secó las lágrimas y dijo:

– No, hijo mío, no necesitas ir, si es así tan importante.

Vamos a volver para la casa. Mamá nunca más te obligará a ir a ninguna fiesta que no quieras.

Así fue hecho.

Aunque haya conseguido vencer sus inhibiciones a punto de aceptar una fiesta, con canto de feliz cumpleaños y todo, a los ocho años de edad, Flavito no gusta de verdad de ese tipo de actividad. Prefiere una reunión informal con las personas de la casa y poquísimos amigos.

Flavito es dotado de una personalidad muy marcada, firme, seguro de sí, un poco autoritario. No le gusta de ser reprendido y tiene poca tolerancia con la persona que le falta a la palabra empleada, sea eso una simple promesa relativamente irrelevante. También de sí mismo exige idéntico comportamiento. Es correcto, cortés, educado y de hábitos aristocráticos. Con un año y medio ya comía solito; con dos años se sentaba en la mesa, como un adulto, manipulando adecuadamente los servicios y la servilleta. Es verdad que la madre ejerció importante papel en todo eso, pues siempre trató sus hijos como personas dignas de atención y hasta respeto, aunque con la necesaria autoridad, cuando era necesario. Lo importante, sin embargo, es que la actitud de la madre encontraba plena respuesta en la manera de ser de los hijos.

Fragmentos de otras vidas parecían, a veces, aflorar en la memoria de Flavio, suscitados, ciertamente, por estímulos del momento. Desde los dos años, por ejemplo, con frecuencia repetía una palabra (¿o sería más de una?) que sonaba como Dombial. Preguntando al respecto, cierta vez, respondió, con naturalidad:

– Es bebé. ¡Bebé es Dombial!

¿Habría sido algún nombre español conocido como don Bial? o ¿Vial? Lo cierto es que él siempre estuvo convicto de haber sido ese personaje. Cierta vez, dejó sus juguetes para ponerse junto a la radio, que estaba transmitiendo un trecho de música erudita, una ópera, a lo que se recuerda la madre.

– ¿Qué es eso hijo mío? ¡No te gusta esta música! (Ella sabía que él era fan de Roberto Carlos.)

– Si – retruca él. – ¡Ahora el bebé no le gusta, pero cuando el bebé era Dombial, al bebé le gustaba mucho!

En otra oportunidad, sumergido en profundas meditaciones, declaró, al ser interrogado, que estaba pensando en "su" ciudad, que en su decir quedaba muy, muy lejos, era bonita y a veces se ponía toda cubierta de blanco. Y destacaba el detalle con un amplio gesto, como ilustrando la vasta área bajo el manto de nieve.

Flavito fue bastante asediado por entidades espirituales hostiles, que le perturbaban el sueño desde los primeros meses de vida, como vimos, o le acarreaban hasta el movimiento sonámbulo (gateando) y pesadillas. Incluso la madre, inexperta en tales asuntos, era de opinión que parecía haber personas invisibles en torno de la cuna perturbándolo. La amiga espírita la aconsejó a "conversar" mentalmente con esas personas, intentando apaciguarlas y pidiéndoles que dejasen en paz al niño, que era apenas un indefenso bebé. Que le diesen una oportunidad. Sea porque las entidades se dejaron convencer ante los llamados de la madre, sea porque fueron alejados, las cosas quedaron más tranquilas. Es cierto, sin embargo, que él veía tales entidades, pues disponía, evidentemente, de facultades mediúmnicas, como demostró en inúmeras oportunidades.

Incluso antes de conseguir emitir un sonido, veía "cosas" que lo dejaban literalmente aterrorizado, apuntando afligidamente para algún punto en el espacio, donde los padres nada podían ver.

Había, también, amigos invisibles, que parecían proporcionarle cierta forma de protección y compañía. Desde muy temprano, entre un año y medio y tres años de edad, él jugaba con "alguien" que estaba sentado en determinada poltrona en la sala de visitas. La madre, muy nerviosa, intentaba distraerlo, cambiaba los muebles de lugar, pero era inútil: Flavito volvía a demostrar que allí había alguien con quien él se entendía de alguna manera misteriosa. Cierta ocasión la madre había acabado de darle la mamadera e intentaba hacerlo dormir cuando él se dio vuelta para la poltrona y sonrió. Ella cambió de posición, insistió en hacerlo dormir, y se puso a mimarlo, afligida, ansiosa para que él se olvidase pronto "de aquello" que estaría en la poltrona. A esa altura se acordó de una olla en el fuego y dejó al hijo por unos momentos, para ir a la cocina. Cuando volvió, poco después, se detuvo en la entrada de la sala. El niño se había levantado y estaba delante de la poltrona, con las manitos posadas en invisible regazo, mientras contemplaba, satisfecho, un punto más alto de la poltrona, donde "alguien" debería estar sentado.

De esa vez la madre no consiguió contener la aflicción y lloró.

Al día siguiente, todavía profundamente abalada, fue a confidenciarle a una amiga y vecina y luego comenzó a llorar de nuevo, en un desahogo de lo que venía intentando reprimir hace algún tiempo: la angustia ante aquellos fenómenos tan extraños que, a su entender, sólo podían tener un sentido – el de que su querido bebé era un niño un tanto alienado. Venía a pedir socorro. Alguna cosa precisaba ser hecha, y luego, pues aquello no podía continuar así.

– Es horrible – dijo – ver a mi hijo allí, con las manos puestas en un regazo que no existe y sonriendo para una persona que no existe.

La amiga intentó calmarla, diciendo que la persona existía, si, ella era que no la veía, pero prometió ayudar, sin saber en el momento qué hacer. Tuvo, después, la idea de conversar mentalmente con la persona invisible que, intuitivamente, juzgaba ser la bisabuela del niño, fallecida ya hace algún tiempo. Le dijo más o menos lo siguiente:

– Mira, sé que usted está allí para ayudar y proteger a Flavito. Usted no iría a querer hacer algún mal a él, pero la madre de él no sabe de eso. No entiende de eso y está justamente asustada. No es justo que ella se quede así, nerviosa. Por lo tanto, le pido a usted que, por favor, hable con ella cuando sea posible y le explique las cosas. Ella vino a pedirme ayuda, pero sólo usted puede darle esa ayuda. Por favor hable con ella para tranquilizarla. Yo le soy muy grata.

Esa pequeña "conversación" fue de noche, poco antes de dormirse. Al día siguiente, la madre del niño fue a buscar a la amiga. Estaba eufórica, los ojos brillantes y fue luego preguntando:

– ¿Tú hiciste alguna cosa, cierto?

Y contó la novedad. Se había acostado en la víspera, y estaba casi durmiendo cuando, de repente, se vio en la casa de su madre. Su abuela estaba sentada en una poltrona, con Flavio en el regazo.

– Uy abuela – dijo ella –, ¿entonces usted está aquí?

Comparen, ahora, lo que le respondió a la abuela con los términos en que el pedido había sido formulado (mentalmente) por Didi:

– Soy yo, sí, hija mía – comenzó ella. – Te traje hasta aquí para decirte que aquí estoy para ayudar y proteger a Flavito. Pero no es justo que te quedes así tan nerviosa. Si continuas nerviosa, me voy a tener que ir.

Diciendo esto, puso al niño en el suelo y él corrió para el patio, mientras las dos se dirigían para el balcón.

– ¿Estás viendo? – preguntó la abuela. – él se queda allá, jugando, y yo te lo cuido. Puedes quedarte tranquila, hija mía.

En seguida la madre del niño despertó.

Sólo entonces Didi contó lo que había hecho, y la amiga se puso a llorar. De esta vez, sin embargo era de alegría. Al final de cuentas era apenas la abuela que estaba cuidando de su hijo y no una figura alucinatoria.

En otro misterioso personaje parecen emerger fragmentos de más una existencia pasada de Flavito. Se trata de un niño – también invisible a los demás miembros de la familia, como en el caso de Divaldo Franco – el cual él llamaba de Blatfort, con especial pronunciación que, a su ver, nadie reproducía con fidelidad.

A lo que todo indica, el espíritu se presentaba a sus ojos como otro niño, más o menos de su edad. Jugaban y conversaban todo el tiempo y, a veces, hasta parecían desentenderse, no se sabe con Blatfort o con otro niño que participaba de las actividades. Sucedía, por ejemplo, escondían de Flavio uno de sus juguetes y o no le permitían que él jugase con ellos. Prontamente la queja era dirigida a la madre:

– ¡Mamá, el niño no me quiere dar el autito!

Mas familiarizada a esa altura con los fenómenos, gracias a la orientación recogida en las largas conversaciones con la amiga Didi, la madre comenzaba a considerar con más naturalidad los incidentes. En vez de atemorizarse o reprimir al hijo, se limitaba a decirle, como si fuese la cosa más natural del mundo (¿y no es?):

– Déjalo con él un poquito, Flavio. Después él lo devuelve.

Blatfort podía hasta cometer inocente indiscreción, contando a Flavio el plato que su madre estaría preparando secretamente para hacerle una sorpresa, pero era ponderado, maduro y tranquilo. Se dio un episodio revelador cuando Flavio, con los naturales recelos de lo "desconocido", tuvo que enfrentar su primer día de jardín de infancia, aventurándose por un universo que todavía no era el suyo. Reluchó cediendo, un tanto a contra gusto. A la salida, sin embargo, las cosas habían cambiado radicalmente. Luego reveló a la madre el motivo:

– ¿Sabe quién estaba allá, mamá? ¡El Blatfort! Él dijo que no necesitaba tener miedo, que la escuela era buena para mí.

La madre guardó para sí una puntita de inquietud. ¿Y si la profesora supiese de la existencia de ese Blatfort? Parece, entretanto, que la interferencia fue sólo el primer día, con la clara finalidad de encorajar al amiguito. Flavio hasta pasó a reclamar, diciendo que Blatfort no estaba yendo a clases con él...

A los nueve años de edad, ocurrió un dramático incidente. Flavito, en llanto, fue en búsqueda de su madre, que naturalmente lo recibió un poco afligida. ¿Qué fue?, ¿qué no fue?, y él, muy sentido:

– Yo vi a Blatfort, ¡mamá!

– ¿Uy, y qué? ¿Por qué ese llanto?

– Yo lo vi, mamá. Pero él no es más niño. Él es un hombre ahora. Y me dijo que no va a aparecer más para mí. Que yo no lo voy a ver más.

Está claro que no siempre la madre sabía qué decir o hacer ante lo insólito de tales situaciones. A lo que parece, el espíritu se había incumbido de una tarea junto al amigo encarnado y había llegado la vez de dejarlo seguir, no propiamente solo, pero con espacio suficiente para sus propias iniciativas y decisiones. En la hora de la despedida, se presentó tal como era, o sea, como un espíritu maduro y adulto, si es que tales palabras se aplican de verdad al caso. O, entonces, estaría partiendo para una nueva existencia en la carne; o, todavía, iría apenas acompañar a Flavito, sin más aquella presencia constante y visible.

Ese intercambio con seres invisibles constituía elocuente testimonio de las facultades mediúmnicas de Flavio. No solamente su videncia era bien desarrollada, como conversaba y jugaba con sus amigos de otras dimensiones. Era frecuente saber de cosas que no le habían sido reveladas o hasta incluso le fuesen deliberadamente escondidas.

Uno de esos casos fue la muerte, por atropellamiento, de un pobre borracho que vivía en una choza en las proximidades de una casa de veraneo de la familia de Flavito. Se entendían bien, Flavio y él. Cuando el hombre desapareció, la familia prefirió decir que él se había enfermado y había muerto, para no chocar al niño. Flavio parece haber aceptado la piadosa mentirita, pero, días después de estar de nuevo en la casa de campo, "cobró" la verdad a los más viejos. No era un hecho que el hombre se había enfermado.

– No fue, no – afirmó con seguridad. – Él habló conmigo y me contó. Él fue a atravesar la carretera y fue atropellado. Murió, pero continúa allá, en su casa. Y todos los días va allá para el bar, como hacía antes.

Hay también premoniciones bien marcadas y testimoniadas, de esas que acostumbran integrar las facultades que componen el cuadro mediúmnico. Como la vez en que declaró, taxativamente, que la familia no debería tomar aquél bus, y si esperar el siguiente, pues aquel iría a estropearse sobre el puente (Rio-Niteroi). Fue lo que de hecho sucedió.

De otra vez, fue una kombi que, según su convicta "profecía", iría atascar. ¿Pero cómo? ¿Con un bello día de aquellos? No sucedió otra cosa. Ya de vuelta del paseo, el motorista (tío del niño) resolvió tomar un atajo para acortar el recorrido y se topó con un atolladero memorable del cual les costó librarse.

Semejante previsión fue hecha cuando Flavito consiguió convencer al padre – ya de pasaje comprado para Minas – a postergar su viaje, porque, según el hijo, si él fuese en aquel bus, no volvería vivo. Se dio con el bus un fatídico grave accidente, en el cual varias personas murieron, entre las cuales un pariente de conocido cantante popular nordestino.

En otra oportunidad, Flavio previó, sin ningún estímulo especial o solicitud, que el tío iría a "sacar un auto en la suerte", y que era un auto negro. (Parecía verlo, por lo tanto.) El tío, que había comprado el billete de rifa y no había pensado más en el asunto, se vio premiado de verdad con el auto negro de la suerte.

Flavito previó, además, el nacimiento de una prima y anunció el embarazo de la madre, antes que ella misma supiese, acrecentando que sería una niña.

En el momento de escribir estas notas, Flavio se está aproximando de los trece años de edad. Es un niño perfectamente normal, sano, fuerte e intelectualmente muy bien dotado. Aprendió a leer prácticamente solo, manipulando juguetes educativos. En la escuela, aprende con notable facilidad, como si aquello no exigiese ningún esfuerzo especial. (No es sin razón que Sócrates enseñaba que aprender consiste apenas en recordar.) La impresión de su querida Didi, experimentada profesora, es la de que el sistema educacional vigente no le proporciona las condiciones ideales para un desarrollo de más amplias dimensiones.

Realmente, investigaciones modernas demuestran que el niño superdotado termina perjudicado por la mediocridad de los métodos pedagógicos, porque no encuentra, en la actividad escolar, el estímulo del desafío, importante ingrediente en la formación cultural de los más inteligentes, ni la libertad que necesita para hacer sus opciones cuanto al currículo, y el énfasis que desea colocar en esta o aquella materia de su preferencia.

En verdad inteligencia no es don especial, ni trazo hereditario, y sí, testimonio de una vivencia mayor, marca de un espíritu más experimentado y maduro, ya habituado, de muchas vidas, con el trato de los problemas de la mente, de la cultura, de la sabiduría, en fin.

Un día sabremos cómo lidiar adecuadamente con esas personas especiales, muchas de las cuales se desalientan y se pierden en el anonimato porque, en el momento correcto, no pudieron contar con los estímulos necesarios. A pesar de eso, son muchos los que superan tales dificultades y siguen adelante, hasta incluso abriendo nuevos caminos para otros que vengan atrás.

Parece legítimo esperar que Flavito sea uno de esos.

La gran lección que resalta de ese caso es la del excelente relacionamiento entre las personas involucradas: padre, madre, hijos y la amiga de la familia. Problemas y dificultades que podrían haber provocado pánico o lamentables conflictos son examinados con seriedad y la posible tranquilidad, después de superado el impacto emocional del primer momento de perplejidad.

Es de reconocerse que operó aquí un feliz conjunto de circunstancias que desaguaron en soluciones de buen sentido para las crisis ocurridas. Sin experiencia en el trato de situaciones potencialmente estresantes, como las suscitadas por ciertas manifestaciones inhabituales de la psique humana, la madre encontró una persona de su total confianza, en condiciones de proporcionarle una orientación segura. Serían, entretanto, imprevisibles las consecuencias, si la persona, consultada fuese una de esas precipitadas y sin preparo "entendidas", que no hesitan en dar los más extravagantes palpites sobre cuestiones de ese tipo.

Vamos, pues, a reiterar observaciones hechas anteriormente, en este libro: no entren en pánico si sus hijos comienzan a recordarse de existencias anteriores, o revelar algún potencial mediúmnico. Manténganse calmos, den a los incidentes la atención que merecen, observen todo con serenidad, hagan preguntas con naturalidad, manifiesten su amor y comprensión al niño, asegúrenle su protección ante sus temores y jamás lo amenacen o castiguen para que deje de "inventar" cosas. Procuren informarse con alguien que esté familiarizado con esos problemas, pero es preciso que usted no apenas tenga confianza en esa persona como en los conocimientos que dice poseer, antes de poner en práctica lo que le sea sugerido.

Ese punto es el más crítico de todo el proceso, porque son muchos los que se juzgan profundos conocedores de los mecanismos del espíritu, pero no pasan de meros curiosos, totalmente sin preparo, a pontificar, llenos de soberbia y misterio, munidos apenas de lamentable información primaria.

La Mediumnidad no es una enfermedad mental o desequilibrio emocional, y, si, una sensibilidad especial del psiquismo humano, una facultad noble que, bien orientada y adiestrada, sirve maravillosamente bien de instrumento de ligación entre los seres que viven encarnados y los que están, en el momento, viviendo en el mundo que, para nosotros, es invisible.

Una buena palabra aquí es esta: ¡calma! Otra cosa, no menos importante, es la siguiente: si no sabe, aprenda a orar.

18. La Debatida Influencia del Medio

TODOS NOSOTROS DESEAMOS HIJOS bonitos, sanos e inteligentes. Usualmente es lo que sucede, pero no siempre.

Una vez fui procurado por un padre afligido. Estaba asustado ante la fanática capacidad intelectual que venía revelando su hijo desde los primeros años de vida. El niño no solamente era dotado de excepcional inteligencia, como poseía elevado grado de madurez. No fue difícil entender las razones de la preocupación de aquel padre que, con su sensibilidad y agudo sentido del deber, tenía conciencia de la responsabilidad del matrimonio en el encaminamiento del pequeño genio que había venido a abrigarse en su familia. ¿Qué hacer, me preguntaba él, con un niño así? ¿Cómo educarlo, cómo guiarle los pasos, cómo tratarlo, en fin, para que fuese posible el desarrollo de todo su potencial?

La preocupación es legítima, a mi modo de ver, porque la inteligencia en sí misma es neutra, lo que significa que tanto puede ser usada en las arquitecturas del bien como en las deformadas construcciones del mal. Ella puede ser la instrumentación de un espíritu maquiavélico, direccionado para tenebrosas maquinaciones, como devotarse de tal manera a la propagación del bien que dejará atrás de sí, por donde pase, la marca del amor fraterno y de la felicidad.

No sé por qué, no obstante, mis intuiciones acerca de aquel niño eran las mejores posibles. Sugerí al ansioso padre que él y su esposa le diesen apoyo material y moral y todo el amor que fuese posible para aquel niño. Cuanto a su encaminamiento en la vida, que no se preocupasen, pues él ciertamente sabía a lo que había venido hacer aquí, entre nosotros.

Le expliqué, como pude, el mecanismo de los renacimientos, procurando hacerlo entender que el niño no es un ser que comienza la vida, pero que recomienza, que le da continuidad. Ya viene de otras eras y sigue rumbo al futuro.

No pude tener la esperanza de que él haya concordado o aceptado todo lo que le dije, mismo porque predominaban en sus estructuras de pensamiento y acción conceptos católicos, que era mi deber respetar. Tuve la impresión, entretanto, que él se despidió más tranquilo. Me recuerdo, con extraña nitidez, de aquel día. Era un fin de tarde, ya al anochecer. Nos habíamos cambiado no hacía mucho, para un nuevo departamento y estábamos con la casa un tanto tumultuada, debido a las obras de reforma.

Al escribir, hoy estas líneas, quince años transcurrieron y el niño es, ahora, un joven de más de veinte años. Se confirmaron en él las expectativas más optimistas, realizándose la modesta e involuntaria "profecía". Él sabía de verdad (y sabe) abrir caminos, por los cuales va trillando. Dotado de inteligencia, de hecho, superior, devotado a los estudios, serio, responsable, equilibrado y sensato, se va tornando rápidamente un sabio, sumergido en asuntos que intimidarían, debido a su complejidad, a personas aparentemente más maduras. Como precoz poliglota, es prácticamente ilimitado el objetivo de sus lecturas, pero él sabe mantener rigoroso criterio selectivo, para no ser apenas un amontonador de conocimiento libresco o mero devorador de libros, cualquiera que sea la naturaleza de su contenido.

Dentro de todo ese contexto de vida, no perdió el sentido perfecto del equilibrio de sus emociones, no permitiendo que la búsqueda del conocimiento, impulsada por insaciable sed de saber, haga de él un frío intelectual. Es un hijo amoroso, devotado a los padres, con excelente nivel de relacionamiento con ellos.

En suma, un espíritu maduro, experimentado, en el cual se puede entrever, con la mayor transparencia, una larga y provechosa serie de vivencias. Donde quiera que él renazca, sean cuales sean la época y las condiciones bajo las cuales viva, él encontrará su camino, superando mayores o menores dificultades.

Eso nos lleva a la discusión de un aspecto que ha alimentado interminables debates técnicos y especulativos: el ser humano, en general, y el niño, en particular, ¿es lo que se habituó considerar como un producto del medio? O, en otras palabras, ¿sufrimos la influencia del medio en que vivimos o nos imponemos a él, desarrollando virtudes (o vicios) a despecho de la ejemplificación a nuestro alrededor, en un sentido o en otro?

La experiencia y la observación de factores aún no considerados por la ciencia oficial – que no lleva en cuenta elementos importantes del problema, como la realidad espiritual – nos inducen a proponer respuestas cautelosas, matizadas, sujetas a posibles confirmaciones o correcciones, como por cierto exige la gran mayoría de los problemas humanos. Raramente tales cuestiones pueden ser puestas en ecuación y resueltas con precisión matemática, a través de una formula prevista, que sirva para todos los casos de la misma naturaleza. Apenas en algunos aspectos bien específicos los seres humanos pueden ser cuantificados y clasificados, y eso queda más para los dominios de la estadística. Podemos saber, con precisión cuántos hombres, mujeres y niños existen en cada comunidad, qué frecuencia presentan en cada nivel, grado de instrucción o de poder adquisitivo. Qué tipo de religión o creencia profesan, qué actividad desarrollan y en qué tipo de habitación viven. ¿Cómo, entretanto, evaluarles el grado de felicidad, la naturaleza de sus sentimientos y hasta qué punto, precisamente, el amor fraterno los motiva a esta o a aquella acción?

La vieja controversia acerca de la influencia del medio sobre las personas podría ser puesta en términos menos radicales. Sería desavisado negar, que el medio, influencia en las personas, pues no podemos ignorar el poder sugestivo del impulso imitativo, especialmente en los niños. Es común que encontremos hijos entregados al esfuerzo, consciente o inconsciente, de imitar al padre, la madre o a ambos, selectivamente, en ese o aquel aspecto de la personalidad de cada uno. Pueden los niños acostumbrarse, por ejemplo, a hablar en voz alta, a comer ese o aquel tipo de alimento, a valorizar más el dinero y la acumulación de bienes materiales que la búsqueda de realización intelectual, todo eso, movidos por el estímulo de la imitación, por la simple inercia de la motivación ambiental.

No es difícil percibir, por otro lado, que mismo nacidos y criados en ambientes sin el menor estímulo de las cosas del espiritismo, por ejemplo, hay niños que desde temprano manifiestan incuestionables inclinaciones por el estudio, por la especulación intelectual, por el ansia de conocimiento. De la misma forma, encontraremos jóvenes criados con intelectuales que derivan para actividades completamente extrañas a las que ve que se desarrollan en el ambiente en que viven.

Se concluye, por eso, que dones o tendencias específicas pueden ser estimulados, suscitados, tanto cuanto comprometidos y sufocados por la influencia del medio, pero también puede el niño imponerse a él, con mayor o menor seguridad y determinación.

No es, por lo tanto, el medio que forma o contribuye, de modo decisivo, incuestionable e inevitable, para que la persona sea de esta o de aquella manera, aunque pueda contribuir con alguna pincelada, tonalidad o matiz.

Vamos a repetir, para refrescar nuestro entendimiento: el niño es un espíritu que aún hace poco estaba en el mundo invisible, entre la vida que fue, en otro lugar, en el tiempo y en el espacio, y la que mal recomienza, en la carne. Entre una existencia y otra, pasamos todos por un período de reevaluación personal, de revisión de lo que hicimos anteriormente, de reestructuración de conceptos y, finalmente, de reprogramación de la vida. En suma, ¿qué hicimos hasta entonces, dónde erramos o acertamos, qué necesitamos hacer para desarrollar esta o aquella línea evolutiva? ¿Cómo corregir los errores cometidos? ¿Qué hacer para recuperar afectos perdidos debido a nuestra insensatez? ¿Cómo recomponernos con personas que transformamos en adversarios o incluso enemigos difíciles? ¿Qué tareas tenemos a desarrollar en la próxima existencia o en las subsecuentes? ¿Qué trazos de carácter debemos batallar para rectificar y qué virtudes o facultades estimular? ¿Dónde, cuándo y junto a quién vamos a renacer la próxima vez? ¿Con qué programa de trabajo o proyecto personal?

Considerados esos casos e inúmeros otros aspectos de mayor complejidad y trazada una escala de prioridades, acabamos por elaborar, con la asistencia de devotados y competentes consejeros, un programa de acción que envuelve considerable número de variables. En todo esto, sin embargo, queda reservado espacio para el ejercicio de nuestro libre albedrío, respetado por las leyes cósmicas que nos rigen hasta límites bastantes elásticos, pero no arbitrarios o indefinidos. En casos extremos, la ley interfiere con un dispositivo inhibidor que resulta, prácticamente, en la reducción de la libertad de continuar cometiendo desatinos. Ejemplo: después de repetidos fracasos, vida tras vida, con idéntico o muy semejante tipo de error, puede ocurrir una encarnación compulsoria en cuerpo deformado, o dotado de vida, meramente vegetativa, a fin de que la persona quede, paradoxalmente, protegida de sí misma, al abrigo de sus propias pasiones e insensateces. Es como si la ley determinase una prisión dicha perpetua, porque dura mientras dure la propia vida, y puede hasta transbordar para la siguiente y más allá...

Como el niño es un espíritu que trae una programación, un planeamiento, un proyecto a ejecutar, es hasta posible que venga para un ambiente hostil a sus aspiraciones, precisamente porque, en el pasado, cuando dispuso de facilidades y recursos adecuados y suficientes, dejó de realizar su tarea, por negligencia, irresponsabilidad o desinterés.

No obstante, para que podamos evaluar la dificultad de la posición de padres o tutores del niño, a fin de que comprendamos todo eso, conviene mostrar otros aspectos de esa compleja problemática.

Supongamos que el niño venga para la nueva existencia con una carga más pesada de deformaciones personales y errores a rectificar. No es difícil imaginar que, en un caso de esos, se trata de un espíritu todavía un tanto rebelde, desajustado y desarmonizado, sobre el cual serán ponderables las influencias del ambiente en que viva. Si encuentra personas que lo ayuden a combatir sus inclinaciones negativas, podrá conseguir mayor éxito de que si convive con personas que lo abandonen a sí mismo, cuando no contribuyan para que más se consoliden las deformaciones emocionales que está programado para atenuar, sino corregir de todo.

Es grave, pues, la responsabilidad de quién recibe un niño para criar, sea hijo propio o ajeno. Si contribuye para que se consoliden en él tendencias negativas, en vez de ayudarlo a rehacerse, estará asumiendo cuotas adicionales de responsabilidad y agravando sus dificultades de relacionamiento con aquél ser, en futuro próximo o más remoto, en esta o en otras existencias. Ninguno de nosotros es una isla psicológica o emocional. Somos partículas de un solo continente de la vida. Lo que hacemos o dejamos de hacer, por increíble que parezca, puede alterar condiciones y vivencias que solamente de aquí a algunos siglos o milenios vengan a resolverse satisfactoriamente. Como dicen los modernos físicos místicos (Ver por ejemplo, El Tao de la física de Fritjof Capra.), los movimientos, aparentemente imperceptibles, de nuestro minúsculo átomo individual – pues somos partículas de conciencia – acarrean movimientos correspondientes en el propio cosmos, el cual estamos integrados. De una forma o de otra, si obramos bien o mal, creamos, en aquel diminuto espacio nuestro, una perturbación o una acomodación en el universo, como un todo. Ningún otro fenómeno es tan fantástico e impresionante para el ser humano que lo experimenta cuanto a de la llamada conciencia cósmica, un estado semejante al éxtasis, que suscita en el ser humano la certeza de esa participación e integración en el todo. Las fragmentarías descripciones y testimonios que tenemos al respecto nos dan cuenta de una sensación de perfecta identidad global, como si el individuo fuese el universo entero y no apenas un átomo consciente.

Pero esto, al final de cuentas, sería materia para otra disertación. Apenas deseamos aquí caracterizar la responsabilidad de cada uno de nosotros, desde el momento en que un espíritu comienza a prepararse para ser nuestro hijo o hija, genético o adoptivo. En verdad, para ser más preciso, la responsabilidad recua mucho más, pues ella se arma en el momento en que, por una razón u otra, nuestros destinos se cruzaron, en otro lugar en el mundo, en tiempo que no siempre podemos determinar, o, siquiera, imaginar. Problemas kármicos que están siendo todavía hoy trabajados y podrán serlo aún por los próximos siglos o milenios vienen siendo tejidos en la tapizaría de la eternidad desde épocas que solamente nuestra memoria integral podrá revelar.

Mi libro El exilado reproduce el testimonio de un espíritu que ya traía compromiso a resolver cuando fue traído a la encarnación en la Tierra, después de muchos y persistentes errores en remotas regiones del universo.

Entonces, aquél hijo bonito, inteligente, saludable y antiguo que recibimos ahora puede ser un amigo y respetable compañero de lejanas eras, que nos concedió la honra, la alegría y la responsabilidad de escogernos como madre y padre. Recibámoslo con la alegría a que hicimos derecho, todos nosotros, y con el renovado amor que, desde mucho, nos une en los inquebrantables lazos de la luz inmortal.

19. Hijos Deficientes

BIEN, ¿Y SI EL NIÑO QUE recibimos no es bonito, inteligente y sano? La primera actitud a asumir, tan luego hayamos absorbido el impacto mayor o menor que nos causó esa verificación, es la de que la persona que nos fue entregada es un ser humano, tan hijo de Dios como cada uno de nosotros. La segunda postura, tan firme y urgente cuanto esta, es la de que, por alguna razón concreta, vino para junto de nosotros un espíritu condicionado a ciertas limitaciones, contornables unas, irreversibles otras, que nos compete aceptar para enfrentar las dificultades decurrentes. El tercer aspecto a considerar es que el dolor, la desarmonía, el desajuste, son situaciones transitorias. La ley divina provee para todos nosotros un estado final de felicidad permanente, y por eso se tornó imperioso decretar, simultáneamente, la transitoriedad del sufrimiento. No hay sufrimiento eterno en ningún rincón del universo; hay seres que sufren por un espacio mayor o menor de tiempo, conforme la naturaleza de sus equivocaciones y en la razón directa del esfuerzo que procuran hacer para ajustarse a las leyes cósmicas no respetadas y que todo proviene para que se realice el objetivo final de la paz interior. Algunas religiones acostumbran llamar eso de salvación. El nombre no importa, y si la verdad contenida. Un cuarto aspecto debe ser mencionado y explicado: el de que los padres de un niño deficiente tiene, necesariamente, un envolvimiento personal en la cuestión. En otras palabras: tiene una cuota de responsabilidad ante aquel ser, todavía que no obligatoriamente resultante de una culpa.

El ser humano no es creado para la desgracia, para el desamor, o sufrimiento, la angustia, y si para la felicidad. Toda la legislación cósmica converge para ese fulcro luminoso. No habría el menor problema en que lleguemos todos allá, en el tiempo correcto, si entendiésemos que las leyes divinas no operan contra nosotros, y si a nuestro favor. Y es precisamente por eso, o sea, porque están programadas para llevarnos a los últimos niveles de la perfección espiritual es que ellas contienen apropiados dispositivos para promover la corrección de rumbos en nuestros caminos evolutivos, siempre cuando nos dirijamos por atajos. De otra manera iría la "Inteligencia Suprema" – que fue como los espíritus caracterizaron, sin definir, la Divinidad – guiar nuestros pasos, sino también creando leyes que nos traen de vuelta al camino correcto siempre que nuestras pasiones nos llevan al desviamiento de los atajos.

Es cierto que el hijo que nos llega con deficiencias físicas o mentales viene con su mensaje de sufrimiento para sí propio y para nosotros. Queda difícil convencer a personas totalmente sin preparo a que acepten situaciones como esas, en las cuales el dolor que nos causan las limitaciones a un hijo o una hija que mucho amamos es precisamente el remedio que la ley está ministrando, a nosotros y a él, para que, futuramente, podamos llegar juntos al territorio libre de la paz, que está en otro lugar, a nuestra espera.

Rebelarse contra el medicamento prescrito para nuestras enfermedades resulta inevitablemente en agravarlas. La ley está siendo, en tales oportunidades, generosa y compasiva, nunca mezquina, dura, insensible o vengativa. Lo que ella está haciendo es ofrecernos la tan sonada oportunidad de recuperación, de rehacimiento, de purificación, por el cual, paradoxalmente, anhelamos.

Es cierto que son severas, muchas veces, las probaciones y sufrimientos impuestos bajo esa forma. Conozco algunos casos de esos, dos más difíciles, y estoy convencido que el lector, también, si rebusca en la memoria, ha de encontrarlos.

Un caso, especial, dejó en mí una profunda impresión.

El niño nació aparentemente perfecto, pero luego se verificó que tenía apenas vida vegetativa. No anduvo, ni habló, jamás salió del lecho, o mejor, de los lechos, pues vivió más de tres décadas. ¿Vivió? – usted preguntará. Si, vivió, aunque aprisionado en un cuerpo sobre el cual ningún control ejercía: movía apenas los ojos, profundos y asustados. En los raros momentos en que conseguía dormitar, parecía sumergir en alucinantes pesadillas, de los cuales despertaba en pánico, como si corriese a abrigarse en el cuerpo que, para él, era la bendición del refugio, no apenas el poste del dolor al cual estaba amarrado.

Era también allí, junto de aquel cuerpo de muerto-vivo, que él encontraba infalible presencia de su devotada madre. Un día ella partió, victimada por inesperada complicación orgánica. Meses después, él también se fue. Se liberaron ambos, tanto el prisionero cuanto la dulce compañera que amarró sus propios pies con las mismas corrientes que prendían al hijo a aquel cuerpo precario. Jamás se oyó de ella una queja, un gesto de desaliento, una palabra de revuelta, una expresión de cansancio. ¡Y todavía se fue antes que él, para esperarlo del lado de allá!

Tal vez un día vengamos a saber un poco de la dramática historia que se había agitado, en otras eras, por tras de toda aquella concentrada dosis de sufrimiento, pero todavía si me fuese dado la oportunidad, jamás deseé conocer ese drama. Fue la historia de un dolor, vivida con serena dignidad y amor, y por eso creedora de nuestro mejor respeto y de la más profunda admiración.

Podemos imaginar que el espíritu de aquella madre tuviese algún compromiso a rescatar junto del prisionero. Es hasta posible que ella haya sido causa de serios desviamientos morales de él, en aceptando espontáneamente la durísima tarea apenas para servir y ayudar a alguien, a quien ella amó y ama, a dar los primeros pasos para fuera del atascadero.

Como dije, no sé de sus historias, sino de aquello que testimoniamos aquí, del lado de acá de la existencia. Estoy seguro, sin embargo, que si nos encontráramos por ahí con el luminoso espíritu de una mujer serena, es bien posible que estemos en la presencia de aquella madre dedicada.

Decía Cristo, con la razón que tiene en todo cuanto nos legó de su sabiduría inagotable, que es fácil amar a los amigos, difícil es amar a los enemigos; y es precisamente esto que precisamos hacer. Por extensión, podemos decir que es fácil amar a los bellos, a los inteligentes, a los sanos, pero, como también decía Cristo, son los enfermos que precisan de médico. Y muchas veces la enfermedad del alma ocurre exactamente en aquellos que disponen de los más bellos cuerpos y de las más lúcidas inteligencias. Es que belleza e inteligencia, tanto cuanto poder o riqueza, son testimonios, son testes, son hasta probaciones que nos experimentan, con el objetivo de verificar si ya estamos suficientemente maduros para identificar con seguridad los valores permanentes de la vida y aquellos que son apenas expresiones de la transitoriedad fugaz del brillo falso. Pero, no apenas eso, y si para que, identificados unos y otros, tengamos la sabiduría y el coraje de hacer las correctas opciones.

Recuerdo, que en este contexto, otro caso que, a propósito, conté resumidamente en otra parte.

El niño había nacido en una familia de confortable status social y económico, de un joven y bello matrimonio culto e inteligente. Era hasta un niño bonito, de buena apariencia física, pero también sin el necesario control sobre el cuerpo. Me dijeron personas de la familia, que me procuraron para conversar sobre el asunto, que el niño había tenido el cerebro damnificado al nacer, por causa de un sofocamiento que tardó más de lo que debería, al ser clínicamente socorrido. Recuperada la respiración y la vida, el cerebro presentaba problemas irreversibles. Además, la tomografía había revelado exigua masa cerebral, suficiente para que el poderoso computador vivo pudiese funcionar con un mínimo de condición, pero no con una parte decisiva de su potencial.

Un detalle era particularmente dramático: el abuelo, competente médico, aunque no responsable por el parto, nada había podido hacer, a tiempo, para salvar al nieto, con lo que se sentía profundamente deprimido.

Esta es la situación que suscita a muchas preguntas angustiantes: ¿por qué? ¿Por qué a mi hijo? ¿O mi nieto? ¿Por qué no fue posible hacer alguna cosa a tiempo? ¿Cómo podría haber sido prevenido o evitado el funesto accidente? ¿De quién es la culpa?

Preguntas hasta contestables, algunas, pero ¿en qué podrían contribuir tales respuestas para una deseada modificación en la situación?

Consultados al respecto – dado que la familia se mostró deseosa de una orientación que, por lo menos, los llevase a mejor entendimiento de las cosas –, nuestros amigos espirituales concordaron en traernos algunos esclarecimientos y palabras de consuelo y orientación.

Según ellos, padre, madre e hijo constituyeron, en pasada existencia, componentes de un triángulo amoroso. La joven y uno de los jóvenes estaban ya con el matrimonio marcado cuando ella se apasionó por el otro, actual padre del niño deficiente. En el precipitado impulso, en momento de desatino, el joven preterido se lanzó por un despenadero abajo, damnificando de manera grave precisamente su cerebro físico. El actual abuelo, que era entonces su padre, todo hizo para salvarlo, pero no lo consiguió, quedando marcado por una profunda tristeza, pues mucho amaba a su hijo y en él depositaba grandes esperanzas. Cuanto a la joven, se unió al final, al joven de su elección.

En la inexorable simetría y precisión de las leyes divinas, el trío terminó marcando nuevo encuentro para esta existencia. Programaron los dos nuevamente casarse y recibir lo que otrora fuera rival del joven y el novio rechazado por la joven. La ley concedía, de esa manera, a los padres, la oportunidad de restituir la vida física a aquél que la había perdido por causa de la rivalidad amorosa. El novio abandonado, por su vez, había cometido el grave error de suicidarse, damnificando irreparablemente el más importante de los centros vitales – el cerebro físico, con las inevitables y consecuentes repercusiones en el sistema periespiritual.

A lo que todo indica, aunque no hubiese ocurrido ningún accidente en el parto, el niño tendría serias lesiones o deficiencias cerebrales, lo que lo condenaba a una existencia sino totalmente vegetativa, por lo menos obstruida por severas limitaciones físicas e intelectuales.

De cualquier manera, era inevitable que él constituyese pesado encargo para los padres, además del sufrimiento regenerador que a si mismo imponía, como prisionero de un cuerpo deficiente, por haber, impulsivamente, rechazado la oportunidad que le había sido concedida, de la vez anterior, en cuerpo normal y saludable. Podemos ir hasta un paso más atrás, donde, ciertamente, habríamos observado que, en otra existencia, todavía más remota, alguna falla de comportamiento lo había puesto en la condición de ser rechazado por la novia en favor de un rival.

Nada de eso ocurre por mero acaso. No somos encaminados para la existencia en la carne, programados para el suicidio, o asesinato, o crimen en general. Vinimos para progresar, para testar nuestras resistencias y conquistas, precisamente en situaciones estresantes, que nuestros equívocos anteriores crearon para nosotros. En otras palabras, no era preciso matarse porque perdió la novia. Podría haber reformulado su vida, pues es cierto que aquel incidente específico del rechazo por parte de ella no era una certeza y, si, una posibilidad, un test a más, si ocurriese, como ocurrió.

De esa manera, en vez de rescatar los tres, algunos equívocos perfectamente sanables, se complicaron aún más, en el envolvimiento con las leyes.

Este caso presenta una peculiaridad inesperada. Es que los amigos espirituales que nos trajeron el mensaje orientador mantuvieron con el espíritu del niño una entrevista, dado que, obviamente, fuera del cuerpo deficiente, que le imponía severas limitaciones, él era perfectamente lúcido. Reconocía su grado de envolvimiento en el problema y lamentaba todo aquel cortejo de aflicciones, pero estaba dispuesto a llevar a buen término su parte de la probación. Pedía que se acostumbrasen a tratarlo con naturalidad, sin que se afligieran más de lo razonable con sus deficiencias. Quería, tanto cuanto posible, participar de la vida que se movía a su alrededor. Preso al cuerpo, se sentía presionado por el desaliento de la soledad, una vez que se aislaba, al mismo tiempo, de los encarnados y de los desencarnados. Que hablasen con él, siempre que posible. Aunque sin poder expresarse, él era capaz de entender lo que le fuese dicho.

Por algún tiempo perdí de vista a la familia, cuyo drama tanto me había tocado. Supe, un día, que el niño había muerto. Oro por él y espero que esté bien ahora, de vuelta al mundo del espíritu, a fin de prepararse para retornar, no se sabe cuándo, dónde y en qué circunstancias, para dar proseguimiento a su tarea de vivir y evolucionar, rumbo a la perfección que a todos nosotros espera. La paz se encuentra más adelante, luego allí, para aquellos que mucho lucharon la buena lucha en búsqueda del equilibrio, y un poco más allá, para aquellos que todavía no entendieron que, como hace poco decíamos, la ley divina es una mansa corriente que nos lleva para la inmensidad del océano luminoso de la paz. Es bastante que nos abandonemos a ella, sin resistirle insensatamente, en el inútil esfuerzo de subir el curso de las aguas en vez de descender con ellas para las planicies y, eventualmente, para el mar, donde todo se aquieta.

No nos preocupemos en escalar las cumbres para mostrar que somos grandes, pero, sí, con la dulce alegría del amor eterno que ilumina los planos de la vida, donde nadie es grande ni pequeño, porque todos son puros y felices.

¿Qué lección entonces, nos queda de este capítulo? Simple de entender y, al mismo tiempo, reconocidamente difícil de ponerse en práctica: la de que los hijos deficientes son también hijos de Dios, como nosotros, personas con las cuales nos desavenimos en el pasado y que nos incumbe recuperar para el amor fraterno. No para que de ellos nos libremos para siempre, pero a fin de que, juntos sigamos rumbo a la felicidad. Como acostumbro a decir a los espíritus con los cuales dialogamos, no podemos afirmar que eso es fácil, lo que aseguramos, convictamente, es que es posible. Y necesario, indispensable. No importa mucho por dónde pasa el camino, lo que importa es que él nos lleve a la solera de la sonada paz, nuestra por derecho inalienable de herencia.

Nota suplementar:

Los capítulos del libro (por lo menos de éste), como ciertas cartas, tiene, a veces, el derecho y necesidad de P.S. (post scriptum, como decían los latinos). Este capítulo es uno de ellos. Es que las historias, como la vida, son interminables, porque se renuevan a cada momento, en la deslumbrante riqueza de variaciones en torno de sí misma.

Transcurrido algún tiempo después de la muerte del niño, nuestros amigos espirituales me preguntaron si sería de mi interés conversar con él. ¿Cómo iría a recusar tal oportunidad?

Cierta noche, después de conclusos los trabajos regulares, el espíritu que yo había conocido encarnado en el bebé deficiente asumió discretamente los mecanismos de comunicación de la médium. Su primera palabra fue de reconocimiento y gratitud por todo cuanto habíamos intentado – sin mucho éxito, admito – junto de los suyos. Es muy difícil convencer a las personas espiritualmente sin preparo para tales situaciones que está todo correcto en las inmutables leyes de la vida y que la palabra de orden aquí es aceptación.

Cuanto a él, estaba en paz, tan lúcido cuanto posible a aquel que todavía no se desembarazara del todo el envolvimiento con las sustancias más densas que constituyen nuestro instrumento de vivir y, naturalmente, con los problemas de la vida que mal había terminado. Su visión retrospectiva podía, ahora, penetrar más hondo y buscar más distante, en el tiempo, las motivaciones que componían su cuadro de experiencias.

Lamentaba el suicidio desastroso, que comprendía como gesto de rebeldía, de tan trágicas consecuencias. Acrecentaba que habría tenido algunos atenuantes (se demoró un tanto en la elección de la palabra, que reconocía inadecuada) si, por lo menos, no hubiese sido victimado por una pesada dosis de odio, especialmente por la joven que, a su ver, lo había traicionado, pretendiendo al otro. Además, podía ver, ahora, la lamentable inutilidad de su gesto desesperado, al saber que otra mujer le estaba destinada. Y que a ésta él la amaba de hecho, no con los impulsos de la pasión, como a la otra, pero con las ternuras del amor. El rechazo habría sido apenas desagradable incidente, por el cual tendría que pasar, por causa de compromisos anteriores. Nunca, sin embargo, la ley programa suicidios y tragedias.

Sea como sea, quedaron las lecciones de todos esos episodios dramáticos. Estaba él informado que, de esta vez, lo dejó literalmente prisionero de un cuerpo, a través del cual no le fuera posible expresarse. Había rescatado, pues, el grave compromiso del suicidio, siempre encarado por la ley mayor como un gesto de rebeldía e inconformismo.

Lo más importante para él, entretanto, era el hecho de haberse liberado del rencor que nutría por aquellos que, de cierta forma, contribuyeron para su aflictivo gesto, aunque reconociendo que la responsabilidad por el suicidio había sido enteramente suya.

Dio, sobre eso, inequívoco testimonio:

– Si le fuese posible – pidió él –, diga a aquellos que fueron mis padres que los amo.

Confirmando suposición mía, esclareció que su deficiencia física nada tenía que ver con la impericia médica en el momento del parto. Su cerebro sería inadecuado, aunque todo hubiese ocurrido normalmente.

– Ya imaginó usted – me preguntó él – ¿cómo fue difícil reponer el cerebro damnificado por el suicidio, con un mínimo de condiciones para funcionar?

El daño causado al cuerpo físico puede hasta ser considerado irrelevante, porque queda en la tierra y se desintegra. Graves realmente son las repercusiones en el sistema periespiritual.

Otro aspecto me quedó también bastante claro. Es comprensible que los padres de un niño deficiente se sientan como que inadecuados y hasta responsables o culpados por engendrar de su cuerpo, como si todo el proceso fuese resultante de un fracaso personal del matrimonio. Fue, no obstante, lo que puede detectar, en el contacto personal que tuve como familia. Como si preguntasen a sí mismos; ¿cómo fue posible a padres tan bellos y físicamente perfectos como nosotros engendrar un niño en tales condiciones? De ahí, tal vez, la tendencia a atribuir la causa al incidente clínico.

En realidad el sentimiento de culpa subyacente no tenía ahí sus raíces, pero en el drama del rechazo suscitado por el noviazgo deshecho, en pasado remoto, que todavía repercutía en la memoria inconsciente de las personas involucradas.

Se podía, incluso, percibir que él se había quedado disgustado con la joven, no tanto con el joven que lo sustituyó en el corazón de ella. (¿Habría sido impresión mía, o sería realmente un hecho que yo había percibido en el joven padre una ternura espontánea por el bebé deficiente?)

Una palabra más: la médium, a través del cual él habló conmigo, lo vio y lo describió como un bello joven, de apariencia tranquila. Era obvio que se sentía feliz y dispuesto a recomenzar la vida en el punto en que ella había sido transformada.

Me dijo que él había cogitado, hace poco, de renacer para nueva experiencia en la Tierra precisamente como hijo de aquella que fuera (y es) su verdadero amor y con la cual estaba destinado a casarse en la otra existencia. Pero eso la ley vedaba, pues ella posee sus dispositivos complacientes, más severos.

En suma, la convivencia con los amores quedó postergada hasta que todo eso se ajuste, como Cristo enseñó.

Al despedirse, emocionado, como yo mismo estaba, reiteró sus agradecimientos por todo lo que se había intentado hacer junto de los suyos. Parecía convicto de que tales esfuerzos no fueron muy bien sucedidos. Hay semillas que cuestan más para germinar de que otras, pero todas producirán alguna forma de vida renovada siempre que consigan romper las barreras existentes entre lo que Aristóteles llamó de potencia y acto. En muchos de nosotros, el amor es todavía potencia; en otros, ya germinó y se transformó en acto.

20. Dramático Testimonio de un Espíritu

HEMOS HABLADO MUCHO, EN ESTE libro, de las programaciones elaboradas en el mundo espiritual para cada vida que reiniciamos en la Tierra. Tales proyectos envuelven complexidades que mal podemos imaginar, tales como investigaciones del pasado, evaluación de posibilidades futuras, identificación y localización de personas con las cuales deban ser negociadas futuras actividades, atento examen de condiciones bajo las cuales los espíritus programados para una tarea colectiva tengan que renacer, cómo deberán ser encaminados, qué tendencias estimular, desestimular o combatir, qué virtudes enfatizar, qué errores corregir, hasta dónde podrán soportar presiones correctivas, qué problemas deben "quedar para más tarde", en otras existencias. En fin, es un mundo de imponderables, de incertezas y de probabilidades, en las cuales innúmeras variables son puestas en discusión y evaluación, a fin de que se arme un esquema viable dentro de lo posible, aunque no siempre lo ideal.

Sin embargo ¡cuántas veces, después de todo esquematizado y montado, los espíritus vienen para la carne y dejan de cumplir la parte que les toca y todo se desarma de nuevo!

No obstante tales especulaciones más o menos teóricas sean de mayor utilidad, mi preferencia siempre se dirige para el abordaje práctico, experimental, la experiencia vivida y sentida, que nos proporciona ejemplos concretos, tomados en la vivencia de cada uno. Entiendo incluso que sólo se aprende a vivir viviendo, y no teorizando sobre la vida.

Por feliz entrelazamiento de circunstancias, muchas y preciosas oportunidades nos fueron concedidas, a lo largo de los años, de "ver" desdoblarse ante nuestra atenta observación ejemplos vivos de esa inconfortable realidad que, difícilmente, conseguimos llevar a buen término, en la carne, con la precisión y en la extensión y profundidad deseadas, la tarea planeada en el intervalo que va de una vida a la siguiente.

En una oportunidad específica, entretanto, un compañero espiritual que acababa de despertar de una larga pesadilla de equívocos seculares abrió para nosotros todo un riquísimo acervo de experiencias y observaciones maduramente meditadas y, confieso, inesperadas, honestas, conmovedoras, en su impresionante sinceridad.

Como dijo, él venía de un largo período de graves equívocos, a través de muchas existencias sacrificadas a sus pasiones desencontradas. En lo que no está solito, infelizmente, pues esta ha sido prácticamente, la regla para casi todos nosotros, hasta que una especie de terremoto íntimo nos sacude las raíces del ser y, entonces, nunca más seremos los mismos.

Lo que se lee a seguir es, pues un resumen comentado de lo que él nos relató en aquella noche.

– A veces – él comenzó – los compromisos ante la ley son tan serios que los espíritus encuentran que no hay más como retornar sobre sus pasos a fin de reconstruir sus destrozados mundos íntimos. Fueron muchos los fracasos, en el pasado más remoto y más reciente. Es cierto que en todo esto hay siempre alguien dispuesto a ayudar, pero también ese muchas veces falla, como por ejemplo la compañera que combina volver para una vida de dificultades comunes. Ella promete fidelidad, que fue el punto débil, donde falló más gravemente. Se monta un esquema que atienda a aquel mínimo de necesidades personales; de vuelta a la carne, sin embargo, ella falla y vuelve a traicionar, movida por una compulsión que todavía no aprendió a dominar. Y él falla porque, una vez más, no consigue ser tolerante y comprensivo con las flaquezas ajenas.

Esquemas programados para que sean superados acaban generando situaciones irreparables, creadas, de inicio, no a partir de desentendimientos propiamente dichos, pero de simple mal entendidos, perfectamente solucionables. Bastaría para eso, una pausa, un momento de reflexión, a fin de tornar posible un debate sereno del problema, que no representa, en aquella fase, ninguna dificultad insuperable. En vez de eso, se exaltan los ánimos y se complican las cosas. Dificultades superables se vuelven impases de relacionamiento.

Es que, por mejores que sean las intenciones que traen los espíritus, una vez en el cuerpo, sumergidos tras del denso velo de la carne, parece que las tendencias negativas son reactivadas y potencializadas y volvemos a cometer los mismos equívocos y a excitar el mismo tipo de pasión que venimos precisamente para combatir y dominar. El ansia de poder es una de esas resistentes infecciones espirituales que parecen contaminar vidas para las cuales las mejores providencias de asepsia mental fueron tomadas. Renacemos para aprender a dominar a nosotros mismos y volvemos a ceder al impulso de dominar a los otros.

Los problemas comienzan a ser suscitados ante las situaciones testes, en gran parte porque olvidamos, en la carne, la programación hecha o porque nos quedan, en la memoria de vigilia, apenas vagos e imperiosos trazos.

– Me decían cosas que, de alguna forma, yo sabía que eran correctas (o erradas) – nos confesó aquel compañero espiritual –, pero yo no sabía precisamente por qué lo eran.

Muchos se quejaban de ese olvido y hasta le atribuyen la culpa y la responsabilidad por la reiteración en el error, pero lo que la ley desea es que aprendamos la lección del bien, dentro de nuestros propios recursos, iniciativas y disposiciones, ante las variadas alternativas que se ofrecen a nuestra libre elección. Precisamos probar a nosotros mismos que, puestos delante de tal o cual situación, comenzamos a tener condiciones para decidir por la mejor alternativa, no porque nos recordamos de un compromiso asumido y tenemos que acertar, o porque tenemos obligación de conciliarnos con este o aquel adversario de otras eras, pero porque están formándose en nosotros las estructuras del bien, que irán a servir para todas las situaciones futuras.

El problema consiste en que, trayendo todavía más o menos intactas persistentes matrices del mal, a que nos acostumbramos, nuestro programa de vida comienza, imperceptiblemente, a desviarse. Antiguos comparsas insisten en arrastrarnos de vuelta al crimen, a los desatinos de los sentidos, a la bebida o a la irresponsabilidad. Facultades de inteligencia o mediúmnicas, de que somos dotados, son desvirtuadas porque representan formas de poder que todavía no aprendemos a utilizar para servir y, si, para dominar y oprimir, a fin de que seamos servidos e incensados. Es que tales recursos, que la ley nos proporciona como instrumentos de progreso, atraen un séquito de admiradores fascinados, que de cierta forma desean compartir de las regalías que el poder siempre tiene condiciones de proporcionar a aquellos que lo ejercen. Acrece que se torna más fácil encontrar aquel que reenciende en nosotros antiguas pasiones, que están apenas adormecidas bajo las cenizas, de que el compañero más experimentado y consciente, que se torna desagradable y es rechazado porque nos recuerda deberes y sugiere renuncias que aún no estamos dispuestos a practicar.

Acostumbro, en situaciones como esas, recordar que siempre nos queda la alternativa de buscar en los Evangelios las inspiraciones que necesitamos para encontrar el rumbo correcto y en él mantenernos. Pero, ¿quién quiere saber de Evangelio, a esta altura? Sólo si fuera para combatirlo.

Incluso porque, nos aseguró ese compañero espiritual, el combate al Evangelio es recurso del desespero. No es porque él es falso, como dijeron en otro tiempo, pero porque es verdadero. – El mal – dijo él – contemporiza y se acomoda; el Evangelio, no.

De ahí que es, aparentemente, tan cómodo a esos espíritus desarbolados que partan para la tentativa de crear un mundo aparte, donde las leyes de Dios puedan ser olvidadas o desobedecidas, por lo menos por algún tiempo. Creando ese bolsón de rebeldía e irresponsabilidad, muchos son los que a ellos acorren para vivir la plenitud de sus pasiones y de sus desatinos. Saben que la tentativa es utópica y solamente puede generar más desaciertos, en vez de atenuar los que ya se alojan, hace tantos siglos, en la conciencia anestesiada, pero no extinta. Pero ¿quién irá a convencerlos que están apenas intentando la imposible fuga de sí mismos?

¿Cuál es la motivación de todo esto? Una sola: el miedo del dolor. Todos que allí están, hipnotizados por una filosofía inviable de vida, saben que, un día, tendrán que ajustar cuentas con la armonía cósmica perturbada, pero, por lo menos mientras están por allá, viven sus fantasías y alienaciones. Saben perfectamente bien que el territorio de la paz va quedando cada vez más distante y de difícil acceso, pues el camino que lleva hasta allá pasa por pantanales y espinos, por sobre peñascos amenazadores, atraviesa la aridez de los desiertos y se precipita en tenebrosos desfiladeros, justamente porque tenemos que volver por el mismo camino que recorrimos a la "ida"...

– Fuimos valientes para errar – añade el amigo, en su catártico testimonio –, pero somos cobardes para enfrentar las consecuencias del error.

Hay por otro lado, un agravante en ese proceso. Retornamos a un mundo donde es mucho más fácil y atrayente que nos dejamos llevar por la acomodación con el equívoco que resistir al envolvimiento y vivir con bravura una existencia, sino también austera y severa, por lo menos razonablemente decente y contenida.

Ese envolvimiento sutil del mal alcanza también instituciones devotadas, en principio, a la difusión de doctrinas auténticas, al trabajo redentor, a la práctica del amor al prójimo, porque también ellas, las instituciones, son dirigidas por seres humanos imperfectos, casi siempre interesados en la búsqueda de la proyección y del mando, más de lo que en el perfeccionamiento de individuos y de colectividades. Eso es válido para las grandes religiones, cuanto para las innúmeras sectas que hoy proliferan por el todo el mundo.

Por eso se combate incesantemente el ejercicio de la Mediumnidad limpia, activa, nuestro canal de comunicaciones con los compañeros de jornada evolutiva que viven del lado de allá de la vida. O se desvirtúa su práctica. Dentro de movimientos dirigidos básicamente para el trabajo del amor, del esclarecimiento, de la asistencia material e espiritual, se implanta sutilmente el gusto por la ciencia, por el fenómeno, por las fantasías psicografadas, que acarrean desvíos y retardos para los que desean adiar su encuentro con la Verdad.

Y así espíritus profundamente desajustados, desarbolados incluso, asumen, subrepticiamente, posiciones en que figuran como mentores o guías espirituales, consultados a cada paso y escuchados con verdadera unción y devoción beata.

No que tales espíritus sean sin preparo o ignorantes. Al contrario, son muy inteligentes y experimentados, por la vivencia de incontables experiencias en la Tierra y en el mundo espiritual. Aparte de eso, disponen de profundo conocimiento de las leyes divinas, que colocan, en todo cuanto les sea posible, a servicio de sus pasiones. Y más, conocen lo suficiente de los mecanismos de la psique humana para que sepan dónde tocar, qué sentimientos mover, qué actitudes asumir para obtener apoyo, suscitar interés y capturar la atención servil de los incautos y vanidosos. Ellos conocen las motivaciones de cada uno, saben de sus historias anteriores, de sus vínculos de compromisos con este o aquel ser o episodio. Queda fácil, por eso, manipular tanta gente, maniobrar influencias, promover encuentros deseables y articulaciones verdaderamente maquiavélicas.

– Si hablo del Evangelio – dijo el espíritu –, soy escuchado con aparente atención y respeto, pero con mal disfrazado enfado, pero si les digo que son maravillosos, inteligentes, devotados y que les esperan las glorias de la santidad, todos me encuentran excelente y se dejan llevar dócilmente.

Hay, pues un peligroso desequilibrio de fuerzas que se oponen, una vez que la mayoría todavía está del lado negativo, tirando la cuerda con toda la fuerza de sus temores y el empujo de sus pasiones negativas.

– ¿De qué vale – pregunta él, desalentado – renacer en un mundo de esos, en el cual apenas inexpresiva minoría está realmente empeñada en mejorar?

He aquí, una dura y cruda realidad dentro de la cual renacen hoy nuestros hijos y nietos. ¿Qué programas traen? ¿Qué decisiones? ¿Qué flaquezas? ¿Qué trazos más fuertes y consolidados en la personalidad? ¿Qué tipo de experiencias? ¿Qué correcciones pretenden hacer?

¿Qué podemos nosotros hacer para ayudarlos, evitando que sean nuevamente arrastrados para enfermedades que vinieron precisamente para eliminar de sus estructuras psicológicas y éticas?

21. La Niña que Lloraba en la Vereda

EN UNA DE ESAS MAÑANAS soleadas de domingo, salimos para la habitual caminata por las calles más tranquilas del barrio en que vivíamos. Luego ahí abajo, a una cuadra de distancia, lloraba una niña en la vereda. No tenía más que tres o cuatro años, era bonita y estaba bien vestidita, como si acabase de arreglarse para un paseo. A pocos pasos de ella un joven señor la contemplaba, amargado. No era un lloro escandaloso, testarudo y malcriado, el de ella, pero llanto sufrido, venido de un sufrimiento mayor y más profundo que se mostraba en su mirada angustiada.

El dolor de la querida y desconocida hermanita dolió en mí también. Antes que se diese cuenta de lo que hacía, me aproximé de ella y puse mi ternura de abuelo en algunas palabras de solidaridad y consuelo. ¿Por qué razón estaría llorando aquel ser que apenas reiniciaba sus experimentaciones con la vida? No quise ser indiscreto, ni invasivo, dado que todos nosotros tenemos derecho a la privacidad, pero el joven hizo, voluntariamente, un comentario sucinto: la niña quería que la madre también fuese con ella. No me cabía preguntar nada más y no necesitaba. Luego se diseñó todo el cuadro.

Padre y madre estaban, ciertamente, separados. La justicia había decidido que papá quedaría autorizado a venir a buscarla a los domingos para pasar el día con él. ¿Tendría él otra compañera? ¿O mamá estaría con marido nuevo? No sé. Para la niña que lloraba en la vereda, ellos continuaban siendo papá y mamá, sólo que, ahora, separados. Hablaban poco o nunca, uno con el otro, mal se miraban, parecían enemigos. Mal había comenzado la vida para ella y ya las cosas mudaban de manera brutal, en su pequeño universo personal. De repente, quedaron confusas e incomprensibles. Por ejemplo: ¿por qué razón mamá no podía ir con ella a pasar el día con papá?

A veces bien que nos gustaría de hacer unas magias, como en aquellas antiguas historias de hadas. Como la de reunir aquel triangulo, madre, padre e hija. Pero esto importaba deshacer otro triangulo, madre, padre y la "otra", o, quién sabe, papá, mamá y el "otro". O, entonces, tomar aquella niña en brazos y llevarla para una tierra donde nadie se separase de nadie. Pero eso yo no podía hacer y mismo que pudiese, no lo haría, sin interferir en el libre-albedrío de cada una de las personas involucradas. Se trataba de un drama personal con varias puntas espinudas que machucaban a todos, especialmente la sufrida niña que quería llevar consigo a la madre en aquel paseo de domingo de sol.

Sólo me restaba seguir mi camino y verlos seguir el de ellos. Sea como fuere, llevé conmigo un poco de aquel dolor y dejé con la niña confusa una vibración de ternura. Llevé más que eso, un tema para meditar.

Viniendo de matrimonios duraderos, mis matrices de evaluación de ciertas situaciones de la vida se encuentran – lo reconozco honestamente –, tal vez desactualizadas e inservibles para muchas personas. Madre y padre, suegra y suegro sólo se separan por la muerte. Al escribir estas líneas, mi propia unión ya pasó por el marco número 50. No puedo, obviamente, responder por nuestros antepasados; cuanto a nosotros, entretanto, si, hubo problemas de relacionamiento a lo largo del transcurso. ¿Quién no los tiene? Además, estamos aquí precisamente para esmerilar aristas, corregir desafectos, ampliar afectos, cultivar entendimientos, pacificar antiguos rencores, testimoniar dedicaciones y devociones. Si en el primero o en el segundo embate, o en el centésimo, damos el proceso de ajuste por encerrado, estaremos apenas postergando para no sé cuándo y dónde y cómo, la oportunidad de la paz. Es que las armonías de la paz no la conseguimos comprar en la farmacia, o en el supermercado – es trabajo lento y difícil para una vida y hasta más. Exige comprensión, tolerancia y renuncia. El hogar es un punto de encuentro, el momento cósmico es aquel, las condiciones están allí creadas para que todo transcurra correctamente y, si cada uno debe tomar diferentes rumbos después el trabajo de la conciliación, partirán todos como amigos que apenas se despiden por algún tiempo, con encuentros marcados en el futuro, para dar proseguimiento a los proyectos en común, y, por tanto, para nuevas etapas evolutivas, dado que somos todos compañeros de viaje. No sacamos nada con abandonar de repente la tarea del entendimiento o de la convivencia para seguir solos, mismo que se esté en condiciones de hacerlo. Va a faltar alguna cosa en el futuro. Alguna cosa que dejamos de hacer cuando teníamos todo para concretizarlo.

Una entidad espiritual nos contó, a respecto de eso, una historia ilustrativa. Ella – una mujer – venía caminando con un compañero de jornada evolutiva. A cierta altura, precisaban dar un paso decisivo. Figurativamente, pararon ambos a unos pocos pasos de un portal que prenunciaba nueva etapa de realizaciones y progreso, dado que percibían luces brillando allá adelante. Hubo un momento de confabulación, pues él reluchaba en seguir adelante. Acabaron separándose. Él se quedó y ella siguió enfrente. Sufría ahora, por no haber insistido un poco más o, quien sabe, haber permanecido con él por algún tiempo más, hasta que él se decidiese a acompañarla. No lo hizo y, de aquel momento en adelante, cada uno siguió su propia ruta. Ella nos contaba ahora en llanto, el desacierto de la decisión. Se perdieron de vista por mucho tiempo. Ella caminó un buen trecho por los caminos de la luz, pero él se demoró por sus propios espacios, probablemente, porque no estaban más juntos para negociar con la vida la estrategia de la paz.

– Es como si usted estuviese, allá en el futuro – contó ella –, un valioso tesoro guardado en un cofre a su espera. Usted llega primero, pero el cofre sólo podrá ser abierto con dos llaves y usted tiene apenas la suya; la otra está con la persona que se quedó para atrás. O usted la espera o tiene que ir a buscarla, para que tengan, juntos, acceso al tesoro.

La historia de aquella hermana me quedó como una parábola. ¿Será que no estamos siendo demasiados impacientes con los compañeros de viaje? ¿Será que un poquito más de tolerancia y comprensión no habrían evitado los desaciertos?

La familia es nuestra universidad. O salimos de ella diplomados, con magister o PhD conclusos, listos para las conquistas personales, o de ella nos retiramos precipitadamente interrumpiendo el curso de las esperanzas. Tanto cuanto pude apurar, en la investigación hecha para escribir la parte que me cupo en el libro de Deolindo Amorim, incluso no se llegó, después de varios milenios de experimentación, a un modelo mejor de célula social que la familia. Y puedo garantizar que no faltó experimentación. Se intentó de todo, numerosas formulas y procesos fueron testados, pero el modelo antiguo resistió. Si ahora las cosas no están sucediendo, creen los entendidos que la falla no es del modelo, pero de las personas.

Como no soy especialista del ramo, prefiero no entrar en la discusión, lo que no significa, de modo alguno, que deje de tener mi opinión al respecto. Teniéndola y muy nítida. Creo que se desperdició la fórmula antes de tener una que la substituyese con ventajas, si es que un día la tendremos. Pienso más aún: que la falencia del sistema comenzó a partir del momento en que separó sexo para un lado y amor para otro. Veo en esa dicotomía amor/sexo la proyección, en el plano en que vivimos, de otra dicotomía más amplia, o sea, materia y espíritu, en el cual el amor es atributo de la entidad espiritual y el sexo instrumentación meramente biológica, a fin de asegurar a todos renovadas oportunidades de reencarnación. Juntos, realizan la tarea de la continuidad de la vida en la carne, al paso que la separación de ellos crea turbulencias imprevisibles, porque, desligado del componente espiritual del ser, el sexo recurre al artificio de la pasión, que, en vez de llama que ilumina y calienta, son lenguas de fuego que consume y luego se extingue, en sombras.

Mientras nuestras pasiones van y vienen, nos ofuscan y apagan, sufren los seres que se dispusieron a convivir con nosotros, en esta dimensión. Conflictos entre padre y madre, repercuten en el ámago de los hijos, les soplan temores a los oídos, crean para ellos un clima de incertezas e inseguridades, paralizan esperanzas. Ellos precisan de ambos para llevar a buen término el proyecto de vida que les cabe implementar. Algunos de ellos vienen para la aventura de la vida terrena con el propósito de cimentar la unión, reparando fracturas remanecientes de pasadas disputas. La tarea de la conciliación constituye elevada prioridad para todos y, por eso, no hay esfuerzo o sacrificio, tolerancia o comprensión que sean demasiadas. Si el precio parece excesivamente alto es porque la deuda es, igualmente, voluptuosa.

Si, sin embargo, a despecho de todo lo que sea dicho, planeado y considerado, la ruptura ocurre de verdad, por lo menos que se haga todo civilizadamente, sin rencores o agresiones, con un mínimo posible de dolor para todos, pero, principalmente, para los hijos.

¿Estoy dramático? Tal vez. ¿Apocalíptico? No. Es lo que vemos en los paneles que la vida en sociedad viene exhibiendo en estos tiempos difíciles. Si, por acaso, usted me pregunta que tengo yo que ver con eso, un septuagenario ya en el poniente de la existencia, podré decir de mis razones.

Hace unos pocos años, en uno de los viajes a Estados Unidos, fui convidado para hacer una charla a un grupo de personas interesadas en los enigmas y perplejidades de la vida. No es que yo tenga soluciones listas y acabadas para las enfermedades humanas, pero porque vengo insistiendo temosamente, obstinadamente, en que está haciendo una falta terrible a la sociedad en que vivimos la visión de la realidad espiritual. En vez de que nos veamos como espíritus temporariamente acoplados a un cuerpo físico, asumimos la identidad de ese cuerpo, lo confundimos con nuestra propia individualidad y estamos llevando el espíritu en remolque, como un traste inútil y que, además, estaría dificultando la plena realización de la insensatez que parece instalada en la memoria colectiva. – ¿Pero y qué? ¿Por qué la preocupación, si ya está llegando la hora de usted irse para esa dimensión cósmica de la cual usted tanto habla? – insistirá usted. Es simple, estimado mío/querida mía. Este no será, ciertamente, mi último pasaje por la materia bruta. Tendré que volver aquí otras veces, como también usted. Al retornar, en nuevo cuerpo físico, para más una existencia, no me importa cuál será mi raza, color, nacionalidad o condición social. Lo que deseo, pretendo y pido a Dios es que tenga padre y madre que se amen y que me amen. Y que me proporcionen el apoyo y el cariño que voy a necesitar hasta que pueda recomenzar la exploración del mundo con mis propios recursos. Fue lo que les dije a los americanos.

No deseo, si esto fuese posible, que me quede llorando en alguna esquina del mundo futuro, porque mi madre no puede quedarse junto a mí y de mi padre. Voy a necesitar de ellos, minuto por minuto, del amor que deseo que tengan por mí, tanto cuanto del amor que tengan uno por el otro, por Dios y por la vida. Quiero que me hablen de Dios, me enseñen de nuevo a hablar con Él, a verlo a través de mis lágrimas y a sentirlo en mí, en los momentos de armonización cósmica. ¿Cómo iría a cumplir un programa de esos en una sociedad que se olvidó de Él, tanto cuanto de sí misma, porque sólo cuida del momento que pasa y del próximo placer?

22. No es Necesario "Torcer el Pepino"

MI LIBRO LA MEMORIA Y EL TIEMPO comienza con la narrativa de una regresión de memoria durante el cual la sensitiva describe el procedimiento adoptado en las primeras etapas de la iniciación, en el Antiguo Egipto. Los testes, que ella no apenas los describe, pero de los cuales revela algunos secretos, servían para que se procediera a una evaluación preliminar del candidato. Si él fuese aprobado, mismo así quedaría, por plazo indeterminado, bajo la observación atenta y competente, aún que no ostensiva. Ya se había demostrado que reunía algunas condiciones para la enseñanza superior, pero no bastaban las aptitudes reveladas en las pruebas. Mucho más de lo que aquello era exigido para que él fuese admitido al intenso aprendizaje, que implicaba severo régimen disciplinar.

Vencida esta fase, él era llevado a una cámara secreta, donde era sometido a la regresión de memoria. Hábilmente orientado e interrogado, él sumergía hondo en los archivos de su memoria integral, a fin de reunir los datos personales necesarios a su programa de trabajo para la vida que tenía por delante en la Tierra. Sus maestros e orientadores quedaban, de esa manera, informados de trazos predominantes de su carácter, de facultades desarrolladas en existencias anteriores, experiencias que traía del pasado, tendencias a corregir, conocimientos y recursos a expandir, tareas a realizar, preferencias por esta o aquella actividad, compromisos asumidos en el mundo espiritual, envolvimiento personal con personalidades vivas, en la carne, o incluso en la condición de espíritu, e innúmeros otros aspectos semejantes.

De pose de todos esos elementos, se tornaba relativamente fácil componer un cuadro nítido de la persona y del programa de trabajo que mejor le asentaba, dentro de sus compromisos y objetivos personales y colectivos.

Nosotros, sin embargo, personas comunes, viviendo una época de tumulto ideológico, en que los grandes valores de la vida son cuestionados y el conocimiento de aspectos transcendentales, se perdieron o fueron envilecidos, ¿cómo debemos proceder para un mejor encaminamiento de los hijos, nietos, parientes y amigos?

La verdad es que no disponemos de condiciones para hacerlo tal como en Egipto. Y mismo que dispusiésemos (Hay gente haciendo regresión de memoria a tantos cruzeiros o dólares por vida...), muchas regresiones serían realizadas en personas totalmente con falta preparo, por otras igualmente sin el preparo suficiente, y sin cualquier finalidad, sino la mera curiosidad (esta, si, gratuita), apenas interesada en saber quién fuimos en el pasado.

Como el lector percibió, la regresión en Egipto solamente era hecha en personas que, comprobadamente, habían demostrado, en los testes de evaluación, condiciones suficientes y necesarias al procedimiento. Además, la regresión tenía una finalidad noble y específica, como sea la de levantar una especie de mapa psicológico, intelectual y ético de la persona, a fin de ayudarla a desarrollar, en la vida terrena, actividades para las cuales había sido programada en el mundo espiritual. Y más, en personas que hubiesen demostrado estar en condiciones de tomar conocimiento de eventos documentados en su memoria sin que se perturbasen con los recuerdos suscitados.

Nada de eso tenemos condiciones de hacer hoy, porque, aunque recuperada la técnica de la regresión en sí, que no ofrece dificultad insuperable, no tenemos a nuestra disposición aquellos seres excepcionales, maestros de profunda sabiduría, que manipulaban con notable competencia y respeto los archivos secretos de la mente humana. Por otro lado, el lector puede estar pensando que, una vez que nuestros hijos renacen, vía de regla, con tan rico acervo de experiencias y conocimientos, nada hay que podamos o precisemos hacer para ayudarlos. Nada de eso. ¡Podemos, sí, y cómo! Y debemos hacerlo, como vimos hace poco, páginas atrás.

¿Por el hecho de renacer en su familia un espíritu como Beethoven, Einstein o da Vinci, usted iría a cruzar los brazos desalentado o indiferente?

La verdad es bien otra. En primer lugar, porque pasamos todos, en mayor o menor extensión, por un período de recapitulación y reaprendizaje, adaptación y preparo. Einstein renacido será nuevamente un bebé llorón, en el cual la madre va a precisar cambiarle los pañales, darle pecho, enseñarle los primeros pasos, reprimirlo por una u otra maña y hasta, quien sabe, administrarle oportunas palmadas, en la región propia, en la hipótesis de una rebeldía mayor. Es hasta posible que él sea sujeto a pesadillas, por haber concurrido de manera tan decisiva para que fuesen producidas las primeras bombas nucleares.

A veces nace, también, un Mozart, extremamente precoz, que incluso a los cuatro o cinco años de edad en la carne consigue superar inhibiciones y bloqueos físicos para expresar las maravillosas concepciones que trae en el hondo de su ser. A propósito, pocos fenómenos constituyen evidencia tan vehemente de la reencarnación como la precocidad de los genios, que ya vienen sabiendo todo lo que precisan saber. Son personas que, obviamente, traen larga y consolidada experiencia en la actividad que comienzan a desenvolver, sea en el campo de las artes, de las ciencias, o en cualquier otro. ¿Alguien necesitó enseñarle estrategia militar a Napoleón? Pues él no sabía nada de eso, desde que había sido Alejandro o Julio César, por lo menos. ¿Quién necesitaría enseñar física a Einstein, que como Demócrito, en Grecia, ya hablaba del átomo? ¿Quién iría enseñar política a Rui Barbosa, que venía de una existencia fecunda (y reciente) como José Bonifácio de Andrada e Silva?

Sea cual sea, sin embargo, la grandeza y la experiencia o madurez del espíritu que viene a renacer junto a nosotros, precisará siempre de apoyo en el período en que está promoviendo los ajustes necesarios en el nuevo cuerpo que recibió de los padres para vivir en la Tierra. El ser humano tiene una larga infancia, la mayor de todos los animales. Un cachorro, con tres años, es adulto, tanto cuanto un buey o un caballo. Los pájaros precisan apenas de unas pocas semanas; los insectos, de horas, o, en lo máximo, de pocos días. El ser humano con siete años aún es un infante indefenso que no tiene ni como alimentarse adecuadamente si fuese abandonado a sus propios recursos. Con la creciente exigencia de formación cultural para enfrentar los desafíos de la competición en una sociedad en crecente grado de sofisticación, él o ella, solamente estará listo para el trabajo, en pie de igualdad con sus semejantes, al aproximarse de los 30 años, o más.

Mientras esto ocurre, hay toda una estructura de apoyo, una logística de desenvolvimiento físico, moral, psicológico, cultural y social. El niño, aunque genial, necesita ser orientado, encaminado y corregido en sus tendencias de agresividad, por ejemplo, o de dejadez, flojera e indiferencia, tanto cuanto estimulada a desarrollar facultades incipientes que no exigen gran esfuerzo de observación para que sean identificados. Los padres precisan estar atentos, observando con serenidad y, tanto cuanto posible, sin que el niño se sienta estudiado, investigado y vigilado como un bacilo o cobaya de laboratorio. El instrumento preferencial para esa búsqueda es la conversación, la comunicación. Por eso recomendamos, luego de inicio, conversar con los bebés, incluso en la fase en que no tienen condiciones para respondernos de la manera que nos gustaría, o sea, también conversando con nosotros. Por lo menos sabrán lo que pensamos a respecto de ellos y del mundo que nos cerca. Más que eso, entretanto, estaremos abriendo canales de comunicación con ellos, teniendo acceso al pequeño cosmos individual que cada uno de nosotros trae consigo.

El niño no es dotado de toda esa plasticidad que se proclama por ahí, barro suave del cual podemos hacer aquello que deseemos. Hay quién acostumbre decir que "es de pequeño que se tuerce el pepino". Pero no es bien así que funcionan las cosas. Eso no quiere decir, entretanto, que el niño deba ser abandonado a sus inclinaciones, cualesquiera que sean, o, al revés, oprimidas al punto que queden sin espacio para mover su personalidad.

Es claro que espíritus rebeldes, agresivos, dados a la violencia o a la crueldad, precisan ser reorientados a través de un régimen disciplinar sin exageradas severidades, más firmes. Hacerles todas las voluntades, realizarles todos los caprichos y fantasías, encontrar una gracia a todas sus demostraciones de falta de civilidad corresponde a un proceso de deseducación que irá a contribuir para que se consoliden tendencias negativas ya en sí mismas de difícil erradicación.

Si me permite el lector, podremos ilustrar los aspectos teóricos de ese juego de intereses y tendencias con una historia pequeña que usted, si así lo entiende, podrá tomar como ficticia. Tanto me impresionó ese episodio que escribí sobre el tema un artículo, en inglés, publicado en los Estados Unidos, creo que en 1965, y lo reescribí, muchos años después, de esta vez en portugués, para publicación en Brasil.

Convencido que el compositor Felix Mendelssohn-Bartholdy había sido la encarnación de Wilhelm Friedemann Bach, uno de los hijos de gran Johann Sebastian, establecí un paralelo entre las dos vidas, que ocurrieron en Alemania, con un intervalo de veinte y cinco años entre ellas. O sea, Friedemann murió en 1788, a los 74 años de edad, enorme talento malgastado en una existencia de indisciplina y desajustes; mientras Mendelssohn había nacido en 1809, para morir en 1847, con apenas 38 años de edad.

El desenvolvimiento de esa vida, como Mendelssohn, relativamente corta, parece indicar que su tarea específica constituye de verdad en recrear condiciones para que la magnífica música de Johann Sebastian Bach fuese puesta en un lugar de honra y destaque que le era debido. Es que Wilhem Friedmann había tratado con lamentable descaso la obra de su genial padre, y mucho contribuyó para que ella fuese olvidada, incluso porque originales de importantes partituras se perdieron por su culpa, algunas para siempre.

Un espíritu así, tan generosamente bien dotado, sin embargo bastante irresponsable e indolente, desordenado y rebelde, ciertamente precisa de padres amorosos, comprensivos y dedicados, pero que sean, también, severos disciplinantes. Fue lo que sucedió a Felix, que renació en familia rica, armoniosa, inteligente y culta. Tanto su padre Abraham como su madre Lea Salomón demostraron equilibrio emocional entre la severidad disciplinar para con los hijos y un excelente relacionamiento de comprensión y amor.

Sometidos a ese régimen disciplinar, contando con el apoyo financiero y amoroso de los suyos, Felix pudo desarrollar su vasto talento, con una precocidad segura de quien ya venía sabiendo de todo aquello.

Tengo mis dudas que él hubiese conseguido realizar tanto, en apenas treinta y ocho años de existencia física, si no fuese aquel maravilloso grupo de amigos espirituales entre los cuales renació. Un régimen firme de disciplina, por lo tanto, es perfectamente compatible con un relacionamiento maduro, afectuoso y creativo. A veces hasta parece que el gran Bach, del mundo espiritual, ayudaba a supervisar su trabajo y hasta escribía música por las manos de Felix, como se puede inferir al oír la bellísima introducción de la Tercera Sinfonía, denominada Escocesa, un homenaje a Mary Stuart.

Puedo acrecentar una nota, en el cual también no exijo que el lector crea: encontré Wilhelm/Felix reencarnado nuevamente, de esta vez en Brasil. El inmenso talento y la apurada sensibilidad continúan allí, en su espíritu, pero como no consiguió dominar del todo las tendencias dispersivas del pasado, no se realizó, de esta vez, como sería de esperar de su magnífico potencial. Recayó en la antigua fase de indisciplina mental y sigue por la vida a malgastar el talento, indiferentemente, tanto cuanto en los tiempos en que era Friedemann.

Es lenta, sin duda, nuestra caminada evolutiva, y aunque el espíritu no retroceda, como nos enseñan los que saben de tales cosas, podemos tener recaídas, cuando las conquistas espirituales aún no están bien consolidadas. Con lo que volvemos a cometer el mismo tipo de equívoco, del cual ya de hace mucho podríamos estar libres si ejerciésemos un poco más de autodisciplina.

No digo, pues, que "es de pequeño que se tuerce el pepino", ni que "palo que nace chueco nunca se endereza". ¡Nada de eso! No es preciso torcer el pepino, basta regarlo con el rocío de nuestro afecto, evitando que predadores o plagas lo ataquen.

No hay, sin embargo, la menor duda de que, si tenemos en relación a los hijos una grave responsabilidad, nos cabe una cuota correspondiente de autoridad. Esa autoridad debe y necesita ser ejercida, con amor, pero también, con firmeza; sin gritos y golpes, pero sin tibieza. Hay el momento del – ¡No! tanto cuanto el del – Sí.

Como vimos, hay una sólida razón para que el espíritu recién encarnado viva un período en que se torna más accesible a la influencia y al consejo orientador. He visto padres arrepentidos de haber sido excesivamente tolerantes con lo que encaraban como meras travesuras de sus hijos, pero nunca los oí lamentarse por haber sido severos, a no ser que hayan cometido algún exceso.

Extraño como parece, es común que escuchemos a hijos adultos que manifiesten su reconocimiento por el régimen disciplinar a que fueron sometidos en la infancia. Y no raro los oímos que lamentan la debilidad de los padres ante sus turbulencias o el desinterés de ellos en dar combate a las tendencias negativas del carácter de los hijos. No es haciendo todas sus voluntades que estaremos demostrando nuestro amor por nuestros hijos. Puede haber perfecto equilibrio entre el respeto y relajación, entre libertad y disciplina, entre amor y autoridad.

Estaremos, así, ayudándolos a desarrollar sus potencialidades, de vez que para eso fueron ellos programados por la madre naturaleza. Cuanto al palo chueco... también precisa de apoyo y comprensión. Un día él percibirá, por la sombra que proyecta en el suelo, que es feo y chueco. Por eso, de la próxima vez que él "reencarne", a través de una de sus semillas o mudas, él mismo va a cuidar de crecer recto y elegante, en la dirección del cielo azul, como todo árbol que se aprecia.

Dios nos desea purificados y redimidos, pero no nos atropella, ni ejerce sobre nosotros cualquier presión insoportable o deformadora. Prefiere que crezcamos, física y espiritualmente, según nuestro propio ritmo personal, dentro de un esquema en que el máximo posible de espacio nos es concedido para hacerlo. Ciertamente, la disciplina es ingrediente indispensable a la receta de vivir. Aún hace poco me decía un espíritu muy amado que si Dios exagerase su complacencia con nosotros, no tendríamos oportunidad de evolucionar.

En suma, no se tuerce el pepino, él debe ser cultivado.

Y por hablar en Dios, ¿a qué tipo de religión o creencia deben nuestros hijos ser encaminados? ¿O será que es mejor llevarlos luego a la descreencia, para que ellos mismos decidan qué hacer?

Es lo que vamos a considerar a seguir.

23. Presencia de Dios

EL LECTOR ATEO O DESCREYENTE (debo imaginarlo de muchos matices ideológicos) ha de estar preguntándose: ¿pero qué tiene Dios que ver con todo esto? Se preguntó, déjenme responder con otra pregunta. Así: ¿Qué no tiene que ver Dios con esto y con todo lo demás en el Universo?

Cuanto a los demás, creyentes y practicantes de muchas religiones o sectas, también pueden pensar que esto es problema personal, que cabe a cada uno de nosotros resolver. En principio, estaríamos de acuerdo. Prácticas religiosas o actitudes agnósticas son posturas estrictamente personales y representan opciones, igualmente personales, que deben ser respetadas. Lo que no impide que podamos conversar, de modo educado y civilizado, acerca de los variados aspectos involucrados.

Debo por tanto decir, como que para tranquilizar al lector, que no es mi intención hacer una predicación, o intentar inducirlo a esta o aquella secta. Todo esto hace parte de un contexto bastante complejo, como resultante de no pocos factores más o menos imponderables.

En mi opinión, es más importante un legítimo sentimiento de religiosidad que la adopción o filiación formal a esta o aquella institución religiosa.

Creo (y espero) que, a esta altura, estemos todos convictos que los niños son seres preexistentes y que traen en el equipaje espiritual amplia experiencia religiosa, entre otros tipos de vivencia. Se sabe que, en tiempos más remotos, astros, fenómenos naturales, bichos, tótems y hasta seres humanos constituyeron objeto de adoración y divinización. Grecos y romanos tenían dioses para todo, pero sería tontera pensar que eran ignorantes. La mitología, al contrario, es una forma muy –

inteligente de montar un sistema religioso que nos muestre, bajo forma alegórica y de fácil asimilación, las complejas relaciones entre las diversas fuerzas de la naturaleza, o, para decir la misma cosa con otras palabras: como se manifiesta, en el mundo en que vivimos, la voluntad de un Dios único.

La verdad es que no son muy satisfactorios los criterios usuales cuanto a la elección de la religión que nuestros hijos podrán, eventualmente, adoptar (o no). O acostumbramos a dejar que las cosas simplemente sucedan, o forzamos a los niños a que adopten "nuestra" religión, o sea, la de los padres o responsables. Por eso encontramos tantas personas desorientadas en cuestiones de vivencia religiosa. Y no son pocos los conflictos suscitados por divergencias y desentendimientos en ese campo, usualmente tan sensible.

Para muchos, la religión es apenas un hábito, una obligación social, un aspecto secundario de la vida, o, como tantos dicen, un "freno". (¿Seremos automóviles o, peor aún, animales de tracción o montaría que necesiten de frenos?) En familias más o menos acomodadas a esta o aquella religión, los hijos son encaminados para las instituciones frecuentadas por los padres, lo que es comprensible, y allí quedan para el resto de sus vidas, sin incluso cogitar de saber si aquello es lo que desean, o que es cuestionable. Acostumbro a decir que son católicos, protestantes o ateos genéticos, como si hubiesen heredado de los padres un determinado gen específico embutido en la cadena del ADN, como, por cierto, piensa mucha gente.

Es correcto que una educación religiosa debe ser ministrada a los niños, de la misma forma e intensidad con el cual otras disciplinas les son ministradas. Las instituciones espíritas, por ejemplo, prestan relevante servicio a través de las escuelas de Evangelio para la infancia. Creo incluso que lo ideal sería interesar al niño, en fase más madura, ahí por la adolescencia, por estudios de religión comparada, aunque los padres sean irreligiosos o hasta refractarios a cualquier filosofía religiosa. No que eso sea esencial a la elección de una religión adecuada para cada uno de nosotros, pero porque nos proporcionaría tal examen una visión más amplia de aspectos vitales al entendimiento de la vida.

Traemos en nuestro equipaje cultural matrices ideológicas consolidadas o incluso imprecisamente definidas. Las experiencias pasadas no son decisivas en la elección de una postura religiosa o agnóstica en cada vida que se inicia en la Tierra. No pocas veces, la elección es decidida previamente, o sea, antes de nacer, cuando la persona resuelve dirigirse o es encaminada, por motivaciones que le son respetables, a una familia católica, protestante, judía o musulmana, por ejemplo. Y no siempre es para adoptar, automáticamente y sin restricciones o dificultades, la religión de sus padres y hermanos, y, sí, para intentar influenciarlos para que consideren otras opciones. De ahí encontramos, a veces, niños que, desde que consiguen expresar un poco de lo que le va en su mente, comienzan a mostrar señales de rechazo a la religión de sus padres, hermanos, amigos y parientes, lo que acostumbra a resultar en penosos conflictos, si no prevalece el buen sentido de la tolerancia.

En verdad, al contrario de unir a las personas, mismo porque la mayoría de los cultos expresan de maneras diversas las mismas creencias básicas, las religiones acostumbran, paradoxalmente, suscitar increíble volumen de intolerancias, de odios y rencores de difícil conciliación. Los religiosos más intransigentes tienden a considerar sus respectivas sectas no apenas como la mejor, pero la única, fuera del cual no hay salvación posible para los "infieles" de todos los matices. Lo peor es que no todos, y no siempre, se limitan a lamentar los que no piensan exactamente como ellos, pero todo hacen para convencer a los otros de "su" verdad personal o, peor aún, quieren obligar a todos a que adopten su fórmula de creer. No hay como disfrazar: la descreencia es también una forma de culto, con rituales, intolerancia y fanatismo, semejantes a los encontradizos en las instituciones religiosas.

Nutro la esperanza que los conceptos que venimos debatiendo en este libro puedan contribuir para una visión más abierta, amplia e inteligente del problema religioso. ¿Al final de cuentas no estamos todos viniendo, sin una única excepción, de un desconocido número de existencias, en las cuales adoptamos tantas y tan diversas manera de considerar los aspectos religiosos? ¿Quién diría que ya adoramos el sol, la luna, ídolos, piedras, animales, objetos, árboles y tantos y tantos dioses y diosas? Todo esto es experiencia, es aprendizaje, y de eso resulta un seguro e incesante proceso de abordaje de la Verdad, por sucesivas aproximaciones.

El trato con los espíritus, a lo largo de muchos años, en nuestros trabajos de intercambio con ellos, nos proporcionó una visión, diríamos, privilegiada, del delicado problema religioso. Lo que observamos junto de ellos es la multiplicidad de experiencias religiosas y los cambios que se van operando en cada uno, en el transcurso de los tiempos. En la medida en que cambiamos de cuerpos físicos y de contextos sociales, históricos, geográficos y culturales, vamos también substituyendo, nuestras creencias, por otras más racionales. Infelizmente, muchas veces, cambiamos apenas las apariencias externas, las vestimentas sacerdotales, los cultos, ritos y posturas, dioses y dogmas, fórmulas y estructuras jerárquicas, pero continuamos fanáticos, dogmáticos, intolerantes, exclusivistas y ambiciosos, interesados en sectas religiosas apenas en la medida que nos puedan servir de plataforma de lanzamiento para ambiciones personales y ejercicio de poder.

Hemos dialogado con espíritus que fueron tan fanáticos e intolerantes al combatir y ayudar a condenar a Cristo, porque pertenecían a las jerarquías sacerdotales de la época, como fanáticos e intolerantes serían, siglos después, ahora nominalmente cristianos, al perseguir y condenar a los que no querían ser cristianos o, por lo menos, no conseguían aceptar la forma de cristianismo que les estaba siendo ofrecida.

Tuvimos testimonios de otros que, de tal manera se comprometieron ante la ley divina, en el ejercicio del poder religioso (¿Y qué estructura de pensamiento proporciona más imperiosa forma de poder que la religiosa?), que pasaron a combatir toda y cualquier idea, institución o concepto de naturaleza religiosa.

Seamos por lo tanto, realistas: los niños son personas que traen consigo denso contenido de experiencia religiosa del pasado. Difícilmente habría sido posible vivir tantas vidas sin un envolvimiento mayor o menor, aquí o allí, en el tiempo y en el espacio, con las innúmeras sectas que el mundo ha conocido. Muchas, sino la mayoría de tales vivencias, fueron desastrosas, dejaron secuelas de difícil erradicación e indelebles marcas en la mente y en el corazón de mucha gente. Y no fueron solamente los que practicaron erradamente las religiones o las usaron como instrumento de opresión, pero también los que sufrieron en consecuencia de tales errores y penaron bajo el peso de insoportables opresiones. Eso sucede porque la ley acostumbra a determinar la reversión de las posiciones y el fanático de hoy será, fatalmente, la futura víctima del fanatismo ajeno.

Ante ese cuadro un tanto aflictivo, parece irrealista esperar que niños perfectamente ajustados a los conceptos de religiosidad y dispuestos a optar, de esta vez, por una expresión religiosa equilibrada, serena, convicta y de elevada condición ética. Fueron muchos y severos desequilibrios, los desaciertos, los equívocos y hasta incluso los crímenes cometidos en nombre de Dios, y desastrosamente justificados como expresiones verdaderas del propio amor a Dios o a Cristo, o a los códigos tenidos por sagrados, únicos e intocables.

En ese aspecto más sensible para muchos, es mi propósito no ilustrar el relato con los casos ajenos. Me resta la alternativa de un testimonio personal.

Se debe recordar el lector que, páginas atrás, le dije que me fue concedida la oportunidad de conocer larga faja de mis vivencias anteriores. Es verdad eso y soy muy grato a los orientadores e instructores espirituales que contribuyeron para que tales cosas me fuesen mostradas. Con ellas yo conseguí armar el panel panorámico que hoy me proporciona una visión de fantástica belleza y armonía que, decisivamente, contribuyó para la elaboración de una filosofía de vida fundamentalmente religiosa, no como actitud para ser asumida una o dos horas por semana, pero como postura permanente.

No es la religión un aspecto de la vida, pero la vida en sí es religión, en el sentido que todo está en Dios, todo se mueve en Él, todo se regula por las leyes naturales que la Inteligencia Suprema creó, todo converge para Él y de Él refluye.

Sé, pues, de existencias vividas en templos egipcios, en épocas mitológicas, como en Grecia, en estructuras hebraicas de pensamiento, tanto cuanto no pocos siglos de militancia activa en la Iglesia Católica y, en seguida, en la derivación reformista del siglo XVI. ¿Qué lecciones puedo sacar de todo esto sino la de que mucha cosa sumó y otras tantas se sustrajeron en la manipulación de esa espantosa masa de experiencia religiosa? Fue lo que tornó posible destilarse, la llama de no pocos sufrimientos, equívocos, desengaños y errores más graves, conceptos purificados que hoy me sustentan arriba de la mera creencia, para asumir la estatura y la solidez de una convicción. Esta: somos espíritus inmortales, indestructibles, perfectibles, y para eso es que vamos y volvemos, entre un mundo y otro, o sea, entre las dos caras, los dos aspectos del mismo mundo. Una de ellas, de mayor densidad material, exploramos con los sentidos limitadores que la carne nos proporciona; en la otra, más diáfana, exploramos diferentes formas de vida no menos real que esta, para el cual disponemos de otras sensibilidades, refinadas, sutiles, abarcables y superiores.

Al iniciarse esta vida, me vi naturalmente encaminado para el catolicismo, la religión de mi madre. Fue ella quien me enseñó a orar, esa magnífica e insustituible manera de conversar con Dios. Era quien me hablaba de Dios, de Cristo y del Evangelio. Era quien me predicaba, en la sencilla y vehemente expresión del ejemplo, tanto cuanto de la palabra, una ética limpia y de fácil entendimiento.

Como vendría yo a observar más tarde (o como ya había observado antes, no sé), la Verdad es simple, discreta, silenciosa, transparente, tan sencilla que muchas personas no se dignan a mirar para ella. La juzgan una inexpresiva y anónima figura, perdida en la multitud del error que grita, que usa ropas chillonas y se muestra a los pasantes y hasta los sigue, a tirarles las vestimentas.

Era simple y práctica la decisión de mi madre a nuestro respecto, o sea, cuanto a los diez espíritus que acogió generosamente para generarles los cuerpos y guiarles los primeros pasos en la nueva vida. Se mantuvo católica hasta el fin, practicando, de modo asiduo y convicto, la religión de su elección, pero sin fantasías o beatería. ("Primero la obligación", enseñaba ella, "después la devoción.") Mientras estuviésemos bajo su responsabilidad, quedaríamos bajo la tutela de la Iglesia Católica. De ahí en adelante, la opción sería nuestra, tanto cuanto la correspondiente responsabilidad.

Me recuerdo que, todavía en la dependencia de sus devotados cuidados y cansancios, comencé a sentir el desencanto por la religión de su preferencia. No me atraían los rituales, los sacramentos y obligaciones paralelas, pero, principalmente, las estructuras de pensamiento que me eran ofrecidas. Yo comenzaba a cuestionarlas y no siempre las respuestas y esclarecimientos eran satisfactorios. Estoy convencido que ella percibía tales vacilaciones e inquietudes, como también es cierto que me solicitaba dulcemente a insistir en la práctica religiosa en el cual veía tantas consolaciones para sus dificultades, recordándome la misa, o las obligaciones sacramentales de costumbre, en las épocas debidas, para que no pusiese en peligro mi alma, por el cual, ciertamente, ella se interesaba, y mucho.

Nunca, sin embargo, forzó nada y nada impuso, a ninguno de nosotros. Era de suponerse que habría preferido a todos abrigados devotamente bajo las alas de su amada iglesia, pero no deseó tomar por nosotros decisiones que entendía que pertenecían a cada uno, a no ser en el período de la infancia, cuando no teníamos condición para considerar los hechos, analizarlos y decidir el rumbo a seguir.

Soy grato a ella por todo eso: el buen sentido, el equilibrio, la inteligente manera de obrar. Más que grato, me considero privilegiado por haber tenido la oportunidad de convivir con un espíritu generoso y pacífico, aunque decidido y firme, que nos impregnó con su verdadero sentido de religiosidad. Me recuerdo de como eso fue importante para que yo pudiese atravesar, sin mayores conflictos íntimos, el período en que, sin conseguir aceptar más las estructuras doctrinarias de su religión, no tenía, todavía debidamente tomado conciencia, las que yo ciertamente había traído conmigo, en las profundidades de la memoria, como programa de acción para esta existencia.

Fue una época de incertezas, es verdad, de dudas e inquietudes, de desaliento y desencanto también. Si no era aquella la manera de expresarme como ser humano ante Dios y el universo en que yo vivía, ¿cuál sería entonces?

Dos importantes puntos de apoyo en mí se salvaron y sobrevivieron a ese período de reformulación: la existencia de Dios, que me parecía más que obvia, indispensable a un universo claramente orgánico y armónico, y la gran admiración y respeto – realmente cariño – por la majestuosa figura de Jesús y su filosofía básica, tal como yo podía verlas en los textos evangélicos.

Esa fase quedó, de cierta forma, documentada, de vez de que, con el primer salario ganado en un empleo mejor, recién-obtenido, compré, en 31 de julio de 1939, un ejemplar de la Biblia. Tenía 19 años de edad. Mi madre, siempre atenta, advirtió que se trataba de una "Biblia protestante", ciertamente porque no encontraba en ella lo esperado y tranquilizador Nihil Obstat y el respectivo Imprimatur de la autoridad eclesiástica competente. Procuré tranquilizarla, llamando su atención para la traducción, de responsabilidad del padre Antônio Pereira de Figueiredo, pero ella percibía determinadas notas de rodapié, de apariencia un tanto sospechosas para su gusto. De forma alguna, con todo, prohibió el libro a mis investigaciones. Creo que confiaba en mí y, tal vez, en la traducción del padre. Además, tenía la siguiente nota:

"De la edición aprobada, en 1842, por la Reina D. María II con la consulta del Patriarca Electo de Lisboa."

En el fondo, sin embargo, ella sabía que eso no quería decir mucha cosa, pues el texto que yo tenía provenía de la edición aprobada por el arzobispo, lo que no quería decir que era la edición aprobada, incluso con los dos "pp".

Sea como fuere, esa ha sido la Biblia que me ha servido, entre varias otras más recientes, hace más de medio siglo.

Desde luego pasé a encontrar allí resonancias armónicas con mi oculto diapasón íntimo. Pienso hoy que, tal vez, en aquellos momentos en que yo estudiaba los textos con la firme deliberación de penetrarles el sentido, se desmaterializaban las barreras del tiempo y yo oía a Cristo enseñando las bellezas de su inagotable sabiduría. Tantas vidas había llevado escuchando y repitiendo aquellos conceptos que ya los traía escritos en el corazón y en la memoria integral. Era como si reencontrase viejos amigos y redescubriese caminos que había trillado en otros tiempos, no sé dónde, ni cómo.

En suma, Cristo había llegado, de nuevo, a las profundidades de mí ser, o ¿sería que nunca hubiese estado ausente y yo apenas no me había dado cuenta de su presencia?

Muchos años después, una persona sumergida en sus memorias del pasado me diría que conceptos que yo acostumbraba a rechazar, en el contexto de las tradicionales sectas cristianas, eran los que no conferían con aquello que mi espíritu sabía, de alguna forma todavía oscura para mí, no eran expresiones fieles del pensamiento de Jesús.

No tengo la pretensión de encontrar que mi experiencia personal sirva de modelo a ser adoptado por todos o por lo menos por algunos. Ni me coloco, yo mismo, como un ser redimido, dotado de luminosas virtudes e inalcanzables perfecciones. Estoy bien consciente de mis limitaciones y de lo mucho que me falta para recorrer hasta llegar a una etapa de razonable serenidad. Además, a pesar de los mecanismos psicológicos sean idénticos o muy semejantes en todos, cada uno de nosotros tiene su peculiar manera de actuar y reaccionar a los estímulos que a cada momento nos llegan. Esa compleja dinámica es resultante de todo un conjunto de experiencias y vivencias que a su vez determinan cierto grado de madurez o inmadurez de cada uno de nosotros. Somos seres singulares, únicos, universos miniaturizados, partículas de conciencia, meros pigmentos coloridos que, juntos, a los millares, a los millones, emprestamos color a la comunidad en que vivimos, a las épocas, a los contextos históricos, geográficos y sociales en que nos inserimos, de tiempos en tiempos, vida tras vida.

Acabamos encontrando el camino, pues no hay otro sino aquél que nos lleva a Dios. Si muchos son los que resuelven pasar por los lodazales, por los desiertos y espinos, ¿qué hacer? ¿No es de derecho de cada uno – y responsabilidad – el libre decidir, por las opciones que se van presentando? Al final de cuentas Dios no tiene prisa, porque está más allá y por encima del tiempo y del espacio, pero es muy poco inteligente y duele mucho, y demora demasiado llegar, cuando nos obstinamos, infantilmente, en hacer la caminada sin él, como si eso fuese posible. Un día hacemos una parada para pensar y nos decimos: "¡Dios mío! ¡Cuánto tiempo perdido! ¡Cuánto sufrimiento inútil!"

Es ahí que comienza la subida para la luz. Ella será tanto más rápida y fácil, incluso en su lentitud y dificultad, cuando manos generosas se extiendan para ayudarnos, encendiendo fachos por los caminos, sustentándonos en el momento de tropiezo, o haciendo junto a nuestro oído la concha amiga para que sea susurrada una palabra de encoraje, de amor fraterno y de solidaridad.

Lo que importa es eso, no esta o aquella religión específica. Lo que importa es la presencia de Dios en nosotros, claro, pero no apenas eso y sí nuestra conciencia de tal presencia. Y eso comenzamos a percibir, primero, en el corazón de madres generosas, antes de notar que también en nosotros él está. Si allí no conseguimos verlo, cualquiera que sea la razón, podemos estar ciertos que quedará más fácil encontrarlo en nosotros mismos.

24. Cómo Conversar con Dios

SUGERÍ, ANTERIORMENTE EN ESTE LIBRO, que usted debe orar y que, si no sabe, trate de aprender. Por increíble que parezca, hay mucha gente que no sabe hacerlo. La oración es una conversación con Dios, y conversar no necesita de fórmulas, ritos o posturas especiales. El tono de la conversación está siempre relacionado con el grado de intimidad con la persona a el cual usted se dirige. Con Dios, el relacionamiento se caracteriza como de la mayor intimidad. ¿Quién mejor de que él para conocernos, saber de nuestras enfermedades, necesidades y potencialidades? Del más alto nivel debe ser el respeto en el trato con él. El cantor y compositor Gilberto Gil sugiere, en su bella canción, como debe prepararse aquel que desea hablar con Dios. Los poetas saben de las cosas...

Como también sabía Francisco, el joven Bernardone, de Asís.

En la década del 50, vivíamos en Nueva York, Estados Unidos, cuando ganamos de la Malvina Dolabella un pergamino con la oración de Francisco que ella había puesto en versos y divulgaba entre los amigos. Decía así:

"¡Atiéndeme, Señor, Tórname, entre los mortales,
"un instrumento fiel de Tu grande Paz!
"Dónde la ofensa exista, que yo coloque el perdón.
"¡Dónde el odio rabiar, da que yo pueda, Señor,
"dejar en su lugar una sonrisa de amor!

"Dónde haya la discordia, yo proponga la unión.
"¡Dónde el error grite, con toda la mansedumbre,
"yo enseñe la Verdad! Y al oír la duda,
"muestre el esplendor de la Fe que nos lleva a Amarte!
"¡Que al que desespere – náufrago sin confianza –,
"muestre el lucero incomparable de la esperanza!
"Torne las tinieblas en luz, tristezas en alegría.
"Y que llegue, al final, aquel gran día...
"(¡Gracias a Ti, Señor, el día ha de llegar!)
"En que yo consuele sin que busque ser consolado;
"que yo comprenda más a que sea comprendido;
"ame, sin procurar saber si soy amado,
"porque es siempre en dando que todo se recibe,
"el que del otro sació la sed – es el que más bebe,
"al olvidarnos de nosotros – es que nos encontramos.
"¡Y el perdón sólo nos viene... cuando también perdonamos!
"¡Y esperaré la muerte a que me sonría, convencido,
"que sólo después de la muerte... es que se conoce la Vida!"

Son numerosas las oraciones de la Biblia, tanto en el Antiguo como en el Nuevo Testamento. Una de las más remotas de esas conversaciones con Dios está en Deuteronomio (9,26-29), donde se lee esto:

Señor Dios, no destruyas tu pueblo y tu herencia, que rescataste con tu gran poder y que sacaste de Egipto con tu mano poderosa. Acuérdate de tus siervos Abraham, Isaac y Jacob; no mires para la dureza de este pueblo, ni para su impiedad y pecado, para que no digan los habitantes del país, de donde nos sacaste: "El Señor no podía introducirlos en la tierra que les habías prometido y como se aborreció con ellos, los sacó para matarlos en el desierto". Ellos son tu pueblo y tu herencia, que sacaste con tu gran fuerza y con tu brazo extendido.

Ahí está una buena conversación, de corazón abierto, en el cual la persona en oración, reconoce los desatinos del pueblo, pero apela para que no sean todos destruidos. Al final de cuentas, todavía que merecedores de una severa corrección, continúan siendo aquella gente que fue retirada de la esclavitud. ¿Si fuesen aniquilados qué irían a decir los Egipcios?

Lutero acostumbraba a orar ante la ventana abierta, contemplando la inmensidad cósmica. En carta al amigo Melanchton, escribió cierta vez: "O mi Felipe, es la oración que gobierna el mundo; por ella, todo conseguimos realizar, nos levantamos de nuestras caídas, soportamos lo irremediable, destruimos el mal, conservamos el bien".

Cierta vez, al encontrar a Melanchton deprimido y prácticamente en las últimas, se volvió para la ventana y oró como nunca, con aquella convicción inquebrantable que siempre demostró. Habló, enseguida, con el amigo, que, a partir de aquel momento, comenzó a recuperarse, para dar continuidad a la lucha. Más tarde, diría como fue aquella dramática conversación con Dios. "Menos mal que el Señor me escuchó" – explicó. "Le lancé el fardo a su puerta; le llené los oídos con todas sus promesas de apoyo. Le dije que era necesario que me atendiese para que yo continuase a creer".

También Cristo oraba con frecuencia, en sus largas y sufridas meditaciones, pues la oración es un hilo invisible de nuestra ligación con Dios. El recurso de la oración está siempre a nuestra disposición, en cualquier lugar, momento o situación. No necesita incluso ni de ser verbalizada en voz alta, basta ser pensada.

El niño debe ser habituado a orar desde el inicio, de preferencia con sus palabras, a su manera. Hay numerosas oportunidades para eso, en diferentes horas del día, cuando despierta por la mañana, cuando se acuesta, en la noche, para dormir, cuando se prepara para salir a la calle, o se sienta en la mesa para la comer, cuando alguien de la familia está enfermo, o, simplemente, para agradecer el privilegio de la vida, de la salud, de las oportunidades de aprendizaje y madurez espiritual. En fin, son muchas las situaciones cualquiera que sea la filiación religiosa de los padres. Ore, cada uno, dentro del contexto de sus creencias y costumbres, judías, musulmanas, cristianas, espíritas, budistas. No importa. Por más que se esfuerce tanta gente en creer que es dueño de un Dios específico y exclusivo, sólo hay un Dios, padre de todos nosotros, lo que nos hace miembros de una sola familia universal y, por lo tanto, hermanos y hermanas.

Cuando despierto, pido a Dios que bendiga el día que tengo por delante. Al abrir la ventana, contemplo la mañana, allá afuera, y digo mentalmente: – ¡Buenos días, día! Si me preparo para salir a la calle, pido a Dios que me ayude en el relacionamiento pacífico y armónico con las personas con las cuales me encontraré, en el supermercado, en el banco, en las calles, en la locomoción.

Muchos de nosotros tenemos una hora predilecta para la oración más larga y la meditación. Yo opté por las seis horas de la tarde, después de conclusas las tareas del día. Acostumbro a componer mis propias oraciones y las renuevo de tiempos en tiempos, a fin de que no se automaticen y pasen a ser repetidas mecánicamente. Quiero estar consciente de lo que estoy diciendo a Dios o a Cristo.

La oración tiene, entretanto, algunas peculiaridades para las cuales necesitamos estar preparados. Muchas veces ellas son atendidas exactamente porque no son, aparentemente, atendidas. ¿Está confuso? Vamos a decirlo de otra manera; bien puede suceder que, si obtuviésemos aquello que pedimos, seríamos perjudicados y no beneficiados.

Además, la oración no debe ser transformada en petitorio, como si Dios estuviese a nuestra disposición para atender a cualquier capricho fútil. Ella constituye un proceso a través del cual somos fortalecidos para las luchas que nos aguardan, no un recurso para que ganemos la lotería o conseguir que los obstáculos sean removidos de nuestros caminos. Primero, que los obstáculos y las dificultades fueron puestas allí por nuestra propia insensatez; segundo, que tenemos que aprender a superar tales dificultades, pues es así que nos fortalecemos y realizamos el aprendizaje que nos compete.

El lector estará pensando, a esta altura, que estoy apelando para la predicación. No es eso. Estoy hablando de indiscutible realidad objetiva.

Fuera del campo religioso, la oración ha sido investigada científicamente y las descubiertas sorprendieron a mucha gente. El meticuloso trabajo del dr. Franklin Loehr, en los Estados Unidos, demostró el poder de la oración sobre la salud y el crecimiento de las plantas, por ejemplo, como relata su libro The power of prayer on plants. Los resultados fueron mensurables, comparándose dos lotes de plantas de la misma especie, sembradas y tratadas de la misma manera. La única diferencia entre los dos grupos consistió en que uno de ellos, aparte del suelo, agua y luz, fue tratado con oraciones dirigidas a las plantitas o el agua con el cual fueron regadas. No era necesario ni decir cuáles eran las plantas rezadas, ellas eran más saludables, más fuertes, crecían más y producían más.

Expongo al lector interesado al texto número 40 – "El poder de la oración sobre las plantas" – (páginas 143 a 145), del libro De Kennedy al hombre artificial. Ese libro reúne crónicas que, ahí por el final de la década del 60, Luciano de los Ángeles y yo escribimos, durante cerca de tres años, para el extinto Diario de Noticias, periódico de gran tiraje y tradición, de Rio de Janeiro. Uno de esos textos, publicado en 29 de noviembre de 1968, fue sobre la oración (páginas 100 a 102). Recurro a él para algunos comentarios adicionales.

A mi modo de ver, hay dos tipos de personas que no oran: las que no saben y las que no quieren. Esta conversación es dirigida de preferencia a las primeras, pero sin exclusión de las demás, porque tanto unas como otras están dejando de recurrir a las energías superiores que sustentan al universo. Hablando a los que no aprendieron a orar, es de se esperar que también alcancemos a los indiferentes. Pensando mejor, sin embargo, creo que podríamos colocar un grupo más: el de aquellos que oran mecánicamente, recitando fórmulas que la repetición interminable vació del todo su contenido emocional. ¿Y para qué sirve una oración sin emoción?

Muchos aún no descubrieron que el valor y la eficacia de la oración no están en el número de veces que la recitamos y si en lo que siente nuestro espíritu al pronunciarla. Por eso, aquellos a quien no más satisfaga la oración repetitiva, quedan sin saber qué decirle a Dios.

La Enciclopedia Britannica que estuve consultando para escribir esto es muy erudita y técnica en el examen de la oración. La divide en tres tipos, según sea dirigida a un ser superior aquel que ora, a un ser del mismo nivel o a un ser inferior, o que por lo menos el suplicante así lo considere.

A Dios se pide con humildad y confianza. A un santo con el cual se hayan tomado ciertas libertades muchas personas proponen un trueque, esto es, hacen una promesa, más o menos en los siguientes términos: – Usted me da esto que yo te prometo hacer aquello. El tercer tipo – todavía segundo de la Britannica – es una verdadera amenaza: – ¡Usted me consigue esto, o te rompo la cara!

No es necesario decir que estos dos últimos tipos de "oración" están fuera de nuestras cogitaciones aquí. Oraciones de memoria o repetitivas también no son de mi preferencia, como ya vimos. Si la oración es un entendimiento directo entre el ser humano y Dios o con un espíritu superior, en quien confiamos – Cristo, por ejemplo –, basta abrir el corazón y dejarlo hablar, en una conversación franca, leal, respetuosa y recogida. No es necesario buscar palabras difíciles, expresiones rebuscadas que casi siempre son insinceras. Con esto la oración se vuelve un discurso de político en campaña. No se avergüence de su lenguaje con Dios – él lo entenderá perfectamente, y cuanto más sencilla y humilde, mejor, porque es el sentimiento por tras de ella es lo que vale, no las "palabras bonitas".

Jesús no se preocupó en enseñar oraciones específicas; la única que nos dejó en palabras suyas fue la llamada "oración dominical", o mejor, el "Padre Nuestro". ¿Cuánto a más dijo él? Que cuando estuviésemos para orar, entrásemos para la habitación y, en secreto, nos dirigiésemos a Dios. Dijo del valor de la oración del publicano sincero y humilde y que de nada servía la oración pomposa del fariseo hipócrita.

También declaró que era preciso golpear para que se abriesen para nosotros las puertas. Si consiguiésemos o no lo que pedimos, es otra cosa. No siempre aquello que pedimos es lo que más conviene a nuestro espíritu. Según Cristo, Dios no nos dará piedra si le pedimos pan, pero, como padre prudente, "recusa al hijo lo que sea contrario al interés de éste", conforme dijeron los instructores al prof. Rivail.

Insisto en decir que el niño deber ser enseñado a orar lo antes posible, como cuando son enseñados los hábitos de higiene, limpieza, orden y educación social. Son las costumbres adquiridas en la infancia que atestiguarán por la vida entera sobre el tipo de hogar en que la persona vivió en la infancia.

Como en tantos aspectos de la vida en familia y en sociedad, el aprendizaje por el ejemplo es el más eficaz. El niño debe salir de casa, para sus primeras actividades sociales, a partir del jardín de infancia, con un mínimo de preparo para resistir a los inevitables impactos del desaprendido que irá a enfrentar en la calle, en la escuela, en los medios de transporte...

Si los padres, o uno de ellos, tienen el hábito de orar, los niños se acostumbrarán a esa práctica. Lo mejor es hacer eso con regularidad. Muchas familias adoptan el estudio del Evangelio en el hogar. Se reúnen todos, un día por semana, de preferencia en la noche, para orar, leer una página y comentarla. Media hora es lo bastante. Si usted no es cristiano, haga el culto en torno del Torá, del Corán o de las enseñanzas de algún maestro de su preferencia. Estimule al niño a participar y comentar los temas abordados.

Por cierto, el poder de la ejemplificación es decisivo en otros tantos aspectos de la vida, como ya vimos, no solamente en la práctica religiosa. Vengo, por ejemplo, de un tiempo en que el garabato era, en lo mínimo, inelegante y grosero, propio de gente sin educación, inaceptable en la conversación en familia. Ni mis hermanos ni yo nos acostumbramos a emplearlos, porque nuestros padres no lo hacían. La tradición continuó en la familia que mi mujer y yo iniciamos. Ninguno de nosotros es dado al garabato, hoy usado prácticamente como puntuación, en la conversación de la calle, en el teatro, en el cine, en la TV y en los textos publicados. Aceptado, en este punto, y sin ningún constreñimiento, a defecto de cuadrado, anticuado o puritano; siempre me choca el garabato, especialmente, en la voz infantil, o al hablar con Dios y no tengo ningún interés en cambiar ese modo de evaluar las cosas.

No tengo oraciones estandarizadas ni milagrosas para enseñar. Cada uno de nosotros tiene que expresarse a su manera personal y única. Me gusta el Padre Nuestro, claro. Hasta ya hice sobre él una larga charla, porque veo en él muchas enseñanzas. Un ejemplo, apenas: ¿ya notaron que hay, en el Padre Nuestro, un único pedido material – el del pan? Y más aún, solamente el pan de cada día, no una carroza de pan. Me gusta también de la oración de Francisco de Asís. Y aunque no sea para quedarse repitiéndola indefinidamente, me gusta la oración compuesta por un espíritu que se firmó Agar y la escribió por las manos del querido Chico Xavier.

Es así:

Padre de Infinita Bondad, susténtanos el corazón en el camino que nos señalaste. Infúndenos el deseo de ayudar a aquellos que nos cercan, dándoles de las migajas que poseemos para que la felicidad se multiplique entre nosotros. Dadnos la fuerza de luchar por nuestra propia regeneración, en los círculos de trabajo que fuimos situados, por tus sabios designios. Auxílianos a contener nuestras propias flaquezas, para que no vengamos a caer en las tinieblas, victimados por la violencia. Padre, no dejes que la alegría nos debilite y no permitas que el dolor nos sofoque. Enséñanos a reconocer tu bondad en todos los acontecimientos y en todas las cosas. En los días de aflicción, haznos contemplar tu luz, a través de nuestras lágrimas, y, en las horas de reconforto, auxílianos a extender tus bendiciones con nuestros semejantes. Dadnos conformación en el sufrimiento, paciencia en el trabajo y socorro en las tareas difíciles. Concédenos, sobretodo, la gracia de comprender tu voluntad, sea como fuere, donde estemos, a fin que sepamos servir en tu nombre y para que seamos hijos dignos de tu infinito amor. ¡Así sea!

¿Es o no una bellísima oración? Vean bien qué cosa linda es "contemplar tu luz, a través de nuestras lágrimas..." o compartir lo poco que tengamos "para que la felicidad se multiplique entre nosotros..."

Una oración queda por encima de cualquier denominación religiosa. Sirve a cualquier persona, hasta incluso al descreído, en aquel momento de aflicción o angustia. Mi madre decía de esos, que sólo se acuerdan de Santa Bárbara cuando truena.

Orar no es, pues, una obligación aburrida, de la cual tenemos que nos librar diariamente. Es aquel momento especial en que ligamos nuestras tomadas espirituales en el gran reservatorio de energía cósmica.

25. EL *POST-ESCRITO* QUE SE VOLVIÓ CAPÍTULO

YO ESTABA PENSANDO en acrecentar al capítulo anterior algunas notas suplementares cuando percibí que el mero post-escrito sería insuficiente para comportar el asunto, que transbordaba y exigía status de capítulo. Vamos, pues, a él.

Como dije, temprano me encontré, en la vida, insatisfecho con las estructuras religiosas de mi infancia. No que las hubiese rechazado sin penas. Fue bueno mientras duró, incluso porque yo veía en todo aquello la tranquila imagen de mi madre y en todo escuchaba sus observaciones y enseñanzas. En verdad fue tan fuerte la vinculación que hubo un tiempo en que pensé seriamente en dedicarme a la vida religiosa. Extraño como pueda parecer, mis colegas de colegio me pusieron el sobrenombre de Vicario, por causa de mis hábitos de reclusión, un poco austeros, contrarios a envolvimientos con los disturbios propios de la edad e incapaz de pronunciar un garabato, hábito que conservé la vida entera. Se sabía hasta que a mí no me gustaba de anécdotas dichas "picantes", o conversaciones de tenor dudoso, que entonces me constreñían, como todavía hoy.

Yo me vi, de repente, sin una religión específica, y eso, de cierta forma, me incomodaba y desencantaba. Muchos años después, leería en Silver Birch, el sabio guía espiritual de Maurice Barbanell, que nosotros, las criaturas humanas, nos preocupamos demasiado con rótulos. Cosa semejante encontramos en Saint-Exupery, que hace el Pequeño Príncipe decir que las personas son muy fijadas en números. Realmente, luego que una persona conoce a otra, quiere saber cuántos años tiene, cuántos francos, cruzeiros o dólares gana por mes, cuánto vale su casa o departamento, cuántos hijos posee, si los tiene, y cosas de ese orden.

En aquella época, entretanto, yo no sabía aún que no tenía la menor importancia términos o no rótulos. Ellos pueden servir para facilitar nuestra identificación con los otros, pero poco nos sirven, si no simbolizan una convicción. Quiera o no, creo que eso me incomodaba. El rótulo de católico no me servía más, y yo no tenía otro para pegarlo por encima.

Lo de protestante no me asentaba, no sé por qué misteriosas razones... Cuanto a lo de musulmán o budista, de ellos no cogitara. Lo de ateo me repugnaba preliminarmente; lo de espírita no se me había ocurrido todavía considerar, mismo porque había quedado en mí un residuo de desconfianza, depositado por sermones y prédicas que había escuchado y libros que había leído, advirtiendo cuanto a los "peligros" de esa "secta" o "herejía" patrocinada directamente por el demonio, la más segura para llevar a la pobre alma indefensa e incauta para los subterráneos del infierno.

Sea como fuere, la búsqueda para mí continuaba. ¿Yo tenía que tener algún rótulo, pero dónde encontrarlo y cómo saber qué me serviría para reponer lo que yo había recusado?

Paradoxalmente, entretanto, yo "sabía" que había un rótulo a mi espera, en algún lugar, el cual yo aún no había llegado. Era, por tanto, una cuestión de esperar con la posible dosis de paciencia.

Mientras eso, recorría regularmente las páginas del Evangelio y volvía a examinarlas en los puntos de mi mayor interés, especialmente en las epístolas de Pablo, que más me atraían, si bien que muchos aspectos de sus enseñanzas me pareciesen oscuros o mismo incomprensibles. Como, sin embargo, todo aquello debería tener un sentido y una razón de ser, yo entendía que me faltaba una llave cualquiera con el cual pudiese abrir puertas y cofres, que ciertamente guardarían riquezas de sabiduría.

Puedo percibir hoy que yo era cristiano, pero en un sentido que no confería con los modelos del cristianismo que me eran ofrecidos. Además, autoridades religiosas – yo las había escuchado y había leído durante tiempo suficiente – decretaban que sólo era cristiano – con derecho a ir para el cielo – aquel que perteneciese, con exclusividad, a la Iglesia que ellos representaban. Los diccionarios me decían la misma cosa, o sea, cristiano era el individuo bautizado y que profesaba el cristianismo. Yo había sido bautizado, es verdad, pero no podía, honestamente, decir que profesaba el cristianismo.

Sin rótulo específico y en búsqueda de uno, viví un buen puñado de años. En verdad me consideraba cristiano y tenía, por lo tanto, mi rótulo, pero de nada servía para los otros, que no lo reconocían como tal.

Fue solamente por los 35 años de edad que comencé a examinar con seriedad la doctrina que los espíritus habían transmitido a Allan Kardec. Le había pedido a un amigo personal, que lo sabía profundo conocedor del asunto, que me indicase una secuencia de lectura, y seguí meticulosamente su "receta", prescrita en un pequeño pedazo de papel, donde él había anotado algunos nombres de autores de su confianza.

No hubo ninguna dificultad en la aceptación de los conceptos contenidos en esas obras. Por el contrario, yo tenía la impresión que había llegado, finalmente, al camino que me estaba destinado recorrer. Extraño como pueda parecer – y para mí fue extrañísimo, en aquella época –, las enseñanzas no eran nuevas para mí; al contrario, iban teniendo resonancia en mi mente, como cosas que yo conocía y que estaba apenas trasplantando de algún cajón secreto de inconsciente para la conciencia de vigilia. ¡En suma, yo era espírita y no sabía!

Restaba un serio problema a resolver. Mi madre permanecía católica convicta y practicante. Fiel a su manera de ser, continuaba considerando con serias reservas y desconfianzas todo cuanto se refiriese a espíritus y espiritismo, que según le había sido enseñado consistentemente, a los largo de toda su vida, eran cosas del demonio. Como nunca fue fanática, convivió pacíficamente con parientes y personas de sus relaciones, simpatizantes o practicantes del espiritismo.

No sé si todavía en vida supo que yo me había inclinado para el lado de los "herejes". Si lo supo, debe haber temido honestamente por la suerte de mi alma y mucho debe haber orado por mí. Su regalo de cumpleaños – no tenía ni plata ni oro, como dijo Pedro – era asistir a una misa y comulgar por mí. Tengo certeza que la pureza de su fe y la convicción de sus oraciones mucho contribuyeron para que todos nosotros fuésemos encaminados correctamente por los caminos de la vida. Ella parecía tener cierta intimidad con Dios, y la tenía de verdad, porque era hábito de una vida conversar con él, en los silencios de sus horas de meditación o mientras velaba, por las horas muertas de la noche, en la cabecera de un hijo enfermo.

Lo cierto es que yo no podía y no quería herirla. Guardé para mí mis convicciones, pues al final de cuentas nuestro Dios era el mismo, como también nuestro Evangelio, del mismo Cristo, que ambos amábamos, cada uno a su manera.

Había, sin embargo, una duda a resolver: yo quería escribir sobre las cosas que, ahora, circulaban por mi mente. Quería transmitir un poco de aquellas ideas que vinieron a dar sentido a mis aspiraciones. Más que eso, yo comenzaba a entender, en los evangelios y en las epístolas, aspectos que antes me parecían oscuros o de todo impenetrables al entendimiento.

En diciembre de 1956, con 36 años de edad, hice mi estrella como bisoño y tímido articulista, en las páginas del Reformador, que me abrigaría durante 24 años. Mantenía mi compromiso de irrestricto respeto a las ideas de mi madre, y por eso los primeros trabajos salieron apenas con las iniciales de mi nombre, exactamente iguales a las de ella: H.C.M.

Me sentí, entretanto, en el deber de escribirle una carta abierta, a fin de explicarle cómo y por qué me había vuelto espírita. Llamé a ese pequeño testimonio de "Carta a la Madre Católica", como se puede ver en el Reformador de mayo de 1961. La firmé con el nombre de João Marcus, pseudónimo que adoptaría luego enseguida y continuaría también a utilizarlo, incluso después de que había pasado a firmar mi nombre real).

Años después de su partida para el mundo espiritual, Divaldo Pereira Franco, el querido amigo y médium bahiano, me transmitió un recado que él no estaba entendiendo, pero que reprodujo fielmente. Se había presentado a su videncia una señora, cuya apariencia él describió, que le pedía para decir a João Marcus – y apuntó para mí – que había leído con mucha emoción mi carta y agradecía las palabras de cariño.

– ¿Quién es João Marcus – preguntó él?

Le expliqué lo mejor que pude, bajo el impacto de las emociones del momento, todo lo que aquello quería decir.

Otros recados me mandaría ella y de otras veces se presentaría a la videncia de sensitivos de mi confianza.

Cierta vez, cuando yo atravesaba un período malo de doloridas aflicciones íntimas, ella resolvió comunicarse psicográficamente, o sea, por la palabra escrita.

Ahora, mi madre se había hecho conocida en la familia por la sencilla belleza y corrección de sus cartas, escritas con una letra muy personal, límpida, sin floreros o sofisticaciones, tal como su estilo y su propia manera de vivir.

Llevó para la vida del más allá el hábito de escribirlas, como aquí, con la misma serena belleza, en aquel mismo estilo fluente, sin literatura ridícula e inútil, con la misma tranquila emoción subyacente, con la misma naturalidad, como quien conversa.

Resguardados los aspectos personales, que no podría transcribir, he aquí, en parte, lo que ella me dijo, en aquel documento.

"Un corazón de madre es como una fuente, donde el amor borbotea constantemente, en un flujo ininterrumpido que se pierde por toda la eternidad. Los ojos de madre, cuando ya no lloran más sus propias lágrimas, aún dejan escurrir, por ellos, las lágrimas de sus hijos.

"(...) Nunca fui de hablar mucho, ni de escribir. Y sabes que jamás me sentí a gusto con las letras. De cierta forma, ellas siempre me intimidan. Ahora sé que era el recelo que mi espíritu traía de desviarse del trabajo que debería hacer.

"En mis muchos silencios, conversaba con Jesús, intentando comprenderle los designios y obedecerle la voluntad. Ahora sé que él no era Dios. Pero ahora, también, lo siento más junto de mi corazón, más real. Entretanto, no tuve dificultades en encontrarme con la nueva realidad, porque mi fe, aunque simple y sin atavíos, era sincera y profunda. Aprendo ahora que, para Jesús, no hay santos ni pecadores, apenas hermanos a camino de la evolución.

"Encontrar familiares y amigos viviendo la vida común fue, sin duda, sorpresa para quién esperaba un cielo inexistente. Pero fue también una inmensa alegría saber que infierno y demonio son palabras inventadas por los flojos, abrigados en la comodidad del menor esfuerzo.

"Te agradezco, hijo mío, que seas lo que eres. El que hayas proseguido en las convicciones de tu fe, aunque bastante avanzada en la vida física, hubiese escuchado la melodía de la fe nueva que fluía de tu corazón. Pero todo son lecciones y hoy sigo aprendiendo contigo cuanto aprendiste conmigo. Hoy soy yo que anhelo pasar de lección deprisa para llegar luego al fin del libro, que en verdad no existe, porque el Libro de la Vida se desdobla en las páginas de lo infinito.

"No desanimes, hijo. Si mucho no pude darte, al menos te di el ejemplo de la tenacidad y perseverancia, confiando en la vida y creyendo en mis deberes.

"Estamos todos trabajando y estudiando. Aquí aprendemos que no existen separaciones de familias o convenciones de sociedad. Aquí todos se identifican por los anhelos, esperanzas o dolores. Marche para delante. No permita que la adversidad te aleje del camino de tus deberes para con Cristo y para con tu fe. Tú sabes, mejor que yo, lo que ella vale. Prosiga, hijo. Es tu madre quien te pide. Tu corazón está guardado en mi corazón.

"(...) Esta carta ya se alarga más de lo deseado y por cierto ya te preguntas cómo tu madre, siempre tan callada, puede decir tanto. Agradezco a Jesús la oportunidad y ruego por ti, hijo mío, para que el Señor te recoja en su regazo y te embale la cabeza cansada, consolándote en su paz.

"Todo el amor de mi corazón humilde. Helena, tu madre."

Ahí está ese bello y conmovedor documento. Sé que no faltará quien diga, con una punta de ironía inconsecuente, que no cree en esas radicales conversaciones póstumas de devotados católicos. Sucede que ironizar no es argumentar. El testimonio firme y claro del hecho dispensa el argumento. ¡No es que las personas se vuelvan espíritas después que mueren, es que ellas descubren que son espíritus! Y que apenas estaban aprisionadas en un cuerpo físico perecible. La única diferencia en relación a los espíritas es que estos ya sabían que eran espíritus incluso aquí, en la carne. Nada más, incluso porque somos todos hermanos, aunque no siempre amigos, y todos programados para el mismo destino de felicidad y armonía.

Una pequeña información debe ser acrecentada para esclarecer al lector acerca de la "carta" de mi madre. A pesar de sus canseras y luchas domésticas, a lidiar, día y noche, con diez hijos, nosotros ya íbamos a la escuela primaria sabiendo leer, escribir y contar. Sin ser particularmente brillantes, yo había aprendido con notable facilidad. Para mí era aburrido quedarme retenido en cada lección hasta que ella encontrase tiempo disponible para "tomarla". Por eso le pedía que me dispensara de ese encargo, mismo porque, mal iniciado el proceso, yo ya estaba leyendo las últimas lecciones de la nostálgica Cartilla de la infancia, de Thomaz Galhardo. De ahí su observación: "Hoy soy yo que anhelo pasar de lección deprisa para llegar luego al fin del libro (...)" Y luego a seguir la nueva lección aprendida, la que "el Libro de la Vida se desdobla en las páginas de lo infinito".

De ese testimonio personal, para ilustrar el problema de la formación religiosa de los niños, sólo resta esclarecer una duda que dejo con el lector, ya que no sé cómo decirla. ¿Quién es más grato a quién? ¿Mi madre, que ahora me agradece, hasta por lo que no pude o no supe hacer por ella, o yo, por lo que ella hizo por mí, aunque encontrando que mucho no pudo dar, sino el magnífico ejemplo de su fe? Pues ¿no es eso lo "mucho" y lo "todo" que ella dio?

26. DEL ESTADO SÓLIDO AL GASEOSO

YA QUE TANTO HABLAMOS DE LA VIDA, necesitamos hablar también de la muerte, que es una modalidad diferente de vida, y hasta que no muy diferente, bajo ciertos aspectos.

A medida que la existencia prosigue y crecemos y nos casamos y envejecemos, personas queridas van muriendo a nuestro alrededor. Hace poco hablaba yo de mi madre, que partió a un tiempo en que yo, ya adulto, y razonablemente instruido acerca de la realidad espiritual, estaba convencido que la separación es apenas temporal, aunque pueda durar algunos años, pues también yo, como todas las personas, renací programado para volver a la dimensión espiritual de donde vine.

La vida aquí es apenas una práctica de aprendizaje y trabajo, etapa de un ciclo evolutivo, como los diferentes niveles de enseñanza de las escuelas que frecuentamos. En la medida en que vamos siendo aprobados en testes, sabatinas, exámenes vagos, escritos y orales, prueba para la Universidad, maestrazgo o doctorado, vamos siguiendo hacia adelante, rumbo a las nuevas alturas. Un día será el de la "graduación", especie de colocación de grado de cósmicas dimensiones, a partir de la cual no más tendremos que volver a lo que, en la conocida oración católica, se llama de el "valle de lágrimas". Tendremos, por esa época, escapado para siempre de lo que los místicos orientalistas llaman de la "rueda de la reencarnación".

La caminada proseguirá de ahí en adelante, pero no estaremos más atados, de tiempos en tiempos, a un cuerpo físico que nos impone tantas limitaciones, a fin de que podamos realizar ese larguísimo curso, en que aprendemos el ABC de la vida.

Escribiendo cierta vez a Godofredo Rangel (La barca de Gleyre), amigo de muchos años y de muchas cartas, decía Monteiro Lobato que la muerte es apenas un cambio de estado: pasamos del estado sólido al gaseoso.

Todo esto no quiere decir, sin embargo, que no sintamos, con mayor o menor intensidad, la muerte de parientes y amigos, y hasta simples conocidos. Las partidas son siempre cargadas de cierto contenido emocional, sea una simple despedida de quien va a pasar vacaciones en local más distante. Sentimos falta del hijo que fue a trabajar afuera, de la hija que se casó, del hermano que fue a vivir en otra parte del mundo y hasta del buen colega de trabajo cuando se trasladó para otra filial.

Es apenas natural y comprensible que sintamos la muerte de los que hacen parte integrante de nuestro grupo espiritual, especialmente a aquellos que más amamos, por sus virtudes y por el grado de afinidad y entendimiento, parientes o no.

Todo parece irremediable, la pérdida se nos figura definitiva, el dolor inconsolable, la aflicción insoportable. Es inútil, en esos momentos de intensa crisis emocional, desear que la persona estanque las lágrimas y vuelva a sonreír, por un inadmisible pase de mágica. Es preciso dar tiempo al tiempo para que las emociones en tumulto se acomoden en otro nivel y podamos dar proseguimiento al oficio de vivir, por mayores que sean nuestros desencantos y más profundos los desalientos. Hay, casi siempre, a nuestro alrededor, otros seres que necesitan de nosotros, tareas que solicitan nuestra participación, o actividades que simplemente no pueden ser abandonadas. La vida no tiene punto final, apenas comas, puntos y comas, reticencias, exclamaciones e interrogaciones, y muchos trazos de unión. No somos islas, pero partículas, como decíamos anteriormente, de un solo continente o, si se quiere, fotones – menos o más luminosos – que integran un solo foco de luz, pues en Dios vivimos y nos movemos y en él tenemos nuestro ser, como dijo, de modo irrefutable, nuestro queridísimo Pablo de Tarso.

No hay pérdidas, nadie muere para siempre, nadie "desaparece", nadie es encaminado para una destinación inapelable y final después de la muerte. Si el amor nos vincula a seres que con nosotros convivían aquí, los vínculos permanecen después de la muerte, muchas veces fortalecidos y consolidados. Jamás concuerdo con un espíritu sufridos cuando me dice que alguien lo amó, o que él amó a alguien. Decía Mário de Andrade que amar es verbo intransitivo. Creo que es, también, defectivo, pues no tiene pasado – es sólo presente y futuro. Quién una vez amó, continúa amando, si es que es amor y no pasión.

Al escribir el bellísimo poema constante del capítulo 13 de su Primera Epístola a los Corintios, Pablo prefirió el término griego agape, en vez de cualquier otro, para su primoroso ensayo sobre las excelencias de la caridad. Agape, esclarecen los comentaristas de la Biblia de Jerusalén, "es un amor de benevolencia que quiere el bien ajeno", y no el amor pasional y egoísta. Tan puro y bello es ese tipo de amor fraterno que los traductores prefirieron traducir agape con el término caridad. Relean, sin embargo, el texto, a partir del versículo 4, poniendo, en vez de caridad, el término amor.

El amor es paciente, es benéfico; el amor no es envidioso, no es temerario; no se llena de orgullo, no es ambicioso, no busca sus propios intereses, no se irrita, no sospecha mal, no se regocija con la injusticia, pero se regocija con la verdad, todo disculpa, todo cree, todo espera, todo sufre. El amor no acaba nunca.

¿Cómo podría terminar si es de la misma esencia de Dios?

Por eso, el amor sobrevive con el espíritu, pues éste también no muere jamás, apenas cambia de estado, como decía Lobato.

La persona que partió para el otro lado de la vida no los deja para siempre a los que se quedaron; apenas él se adelantó un poco más, por alguna razón que, un día, conoceremos. Cuando llegue nuestra vez de partir, los que se anticiparon a nosotros, si de hecho nos amaron, allí estarán a nuestra espera, con la misma sonrisa de felicidad, el mismo abrazo amigo, el mismo corazón generoso. Es sólo una cuestión de tiempo y paciencia, aceptación y serenidad.

Las leyes divinas son severas cuanto a la rebeldía, a la impaciencia, a la revuelta, a la falta de aceptación de aquello que nos es prescrito. Es durísimo para un matrimonio, como ciertos amigos míos, asistir, impotente, a la inexorable partida del hijo único, bello, inteligente, lleno de vida y esperanzas, recién graduado por una universidad, que se preparaba para un futuro promisor. Aunque conscientes de importantes aspectos del mecanismo de las leyes divinas, es cierto que mucho sufrieron y fue largo el período de recuperación, la retomada de la vida en aquel punto sensible, donde se hizo el gran silencio de la separación. Estos, entretanto, sabían que somos todos espíritus inmortales y estamos aquí de pasada, y, aunque sufridos y desalentados, aceptaron, con confianza, la determinación de la ley, pues saben muy bien que ella no es punitiva, y sí correctiva. Alguna situación pasada, olvidada, pero documentada en la memoria integral de los espíritus, ciertamente ha de explicar el motivo de todo aquel dolor.

Además, como se dijo en otra parte, en este libro, antes de ser nuestros, los hijos son de Dios, que apenas nos los confía, por algún tiempo. No somos dueños de ellos, no son propiedad nuestra, particular, sobre el cual tengamos pose y dominio, como dicen las escrituras de registro. Son compañeros de jornada que vinieron a caminar una parte del camino con nosotros y, de repente, se fueron, para esperarnos un poco más adelante, en el tiempo.

Junto al lecho de Magdalena, su hija adolecente, Lutero lloraba y rezaba:

– Señor – decía él –, yo la amo mucho, pero, si es de Tu voluntad tómala yo concuerdo. ¡Cómo me gustaría de quedarme con ella! Pero, Señor, que Tu voluntad se haga. Nada mejor podría sucederle.

En seguida, volviéndose para la niña, agonizante, mantuvo con ella un pequeño y conmovedor dialogo:

– Mi querida Magdalena, ¿tú bien desearías quedarte junto a tu padre, no es verdad? ¿Tú iras voluntariamente para junto de tu Padre, que está allá arriba?

– Si, querido padre – respondió ella. – Como Dios encuentre mejor.

– Si, hija, tú también tienes un padre en el cielo y es para él que tú irás.

Pero el dolor también estaba allí, sofocando las consolaciones de su fe, y él, volviéndose para los amigos presentes, comentó:

– El espíritu es fuerte, pero la carne es débil. ¡La amo tanto!

– El afecto de los padres – comentó Melanchthon – es la imagen del amor divino. Si el amor de Dios en relación a los seres humanos es tan grande cuanto a la de los padres por sus hijos, se puede decir que tal amor es una llama.

Cuando, finalmente, la niña partió, a las nueve horas de la mañana del día siguiente, Lutero comentó, sofocado por las lágrimas:

– Me siento tan feliz en espíritu, pero muy triste según la carne. Ay de mí, la carne se recusa a concordar. La separación es muy dolorosa. ¿No es admirable que se sepa que, de tanto haber sufrido, ella está, ahora, en paz, en un excelente lugar?

Mismo convencidos de la continuidad de la vida después de la muerte del cuerpo, no podemos simplemente ignorar el dolor, como quién desliga un circuito eléctrico con el mero toque de un interruptor. El espíritu sabe y quiere, pero, como recordó Lutero, la carne es débil y discuerda, y por eso la visión a través de ella queda nublada por las lágrimas.

Me recuerdo de haber estado en situaciones semejantes varias veces, y si todavía vivo un tiempo más podré confrontarme de nuevo con esa realidad. Una de esas oportunidades fue cuando murió mi abuela.

Estaba bien viejita, la pobre querida, y un tanto incierta en sus pasos, pero lúcida y participante. Siempre que iba a ver a mi gente, la primera visita, después de los primeros saludos, era ir a su pieza quieta y limpísima. Ella estaría, usualmente, con una pieza de costura o de croché en las manos, muy junto a los ojos, pero sin anteojos, pues jamás necesitó de ellos.

Le tomaba la bendición, besándole la mano delgadita y elegante, y por allí me ponía a conversar con ella y podía ver cuán feliz se sentía en estar conmigo y saber que yo la amaba.

Es que yo no me imaginaba el tamaño del vacío que su partida dejaría en mi espacio interior. Ayudé a llevar su liviano cuerpo cansado al cementerio y me quedé un poco más, después que los otros se retiraron. Quería orar en silencio por ella. Pero la oración se encontró en venir bajo la forma de lágrimas, que me escurrían, sin cesar, por el rostro, suscitadas por un profundo sentimiento de nostalgia anticipada. No tenía, sin embargo, el sabor amargo de la revuelta. Como había dicho Lutero, Dios la quería de vuelta, y ¿quién era yo para decir que no?

Pasado aquel momento de emoción, me retiré de allí, con confianza y tranquilo. Ella estaba en buenas manos, "en la mano de Dios, en Su mano derecha", como escribió Anthero de Quental.

No hay, pues, palabras de consuelo ante la partida de un ente querido, apenas la de solidaridad, la de ternura fraterna. El consuelo vendrá después, cuando entendamos y aceptemos la muerte por lo que realmente es – o sea, breve separación, nada más que eso.

Una verdad no siempre reconocida podrá abreviar ese período de angustia. Es la de que la aflicción de los que se quedan y el inconformismo del desespero repercuten, como espinas envenenadas, en el corazón de aquel que partió. Ese es el unánime testimonio de los mensajes póstumos. Tanto cuanto el dolor contenido es testimonio del amor, la aflicción del desespero, vecino de la rebeldía, constituyen redoblada angustia para el que se fue. Son lágrimas, esas, que en vez de llevar un mensaje de consuelo y nostalgia al espíritu se revuelven en corrientes de acero que lo amarran a los desengaños y frustraciones de la Tierra, y crean obstáculos al proseguimiento de su jornada.

Encontramos, a veces, un tipo exaltado de ligación afectiva que poco falta – cuando falta – para ser sentimiento de pose, como si Dios no tuviese el derecho de determinar, a través del infalible mecanismo de sus leyes, la mejor manera de conducirnos por los caminos de la evolución. Es como si el padre y la madre desesperados reclamasen de Dios por haber tenido la "osadía" de privarlos de la compañía de un hijo o hija. ¡Al final de cuentas, han de pensar, ella era mi hija, o él era mi hijo!

Otros tantos, informados – y no muy bien – de la posibilidad de intercambio con los espíritus, quieren luego, a toda fuerza, saber noticias del ente que partió. Y si nada consiguen, o si lo que consiguen no los convence, redoblan las reclamaciones y se rebelan contra Dios y contra las religiones en general que, a su entender, de nada les servirán en la hora del dolor.

Sin embargo las cosas no se pasan así. Como muy bien acostumbra a decir nuestro querido Chico Xavier, la ligación con el mundo póstumo sólo funciona de allá para acá, y cuando posible y permitido. No se puede exigir, de aquí, que nuestros "muertos" nos hablen a cualquier momento que deseemos, como quién hace una llamada internacional por el sistema DDI. El mundo espiritual tiene sus ordenaciones y leyes propias, respetables y respetadas.

El trabajo desarrollado por Chico, en la fase final de su larga y fecunda existencia, se volvió para ese aspecto de la vida – el de la palabra de consuelo. Son incontables los testimonios de seres, principalmente jóvenes y, entre éstos, con predominancia a los que murieron en accidentes de tránsito. No es sólo que se aproxime la madre inconsolable, a Chico, para que él mande llamar al espíritu del hijo muerto y lo obligue a dar un mensaje, en ese momento.

Hay una disciplina a ser considerada, un sistema de prioridades y posibilidades a observar. No hay cómo hacer exigencias, reclamar atención, ignorar impedimentos o imponer condiciones. Los testimonios pueden venir, y vendrán, cuando posible, bajo normas que ignoramos, según un contexto que desconocemos, en sus minucias y disciplina. En muchos y muchos casos, tenemos que contentarnos con la convicción de que el ser que partió continúa vivo, consciente y feliz (o infeliz), según sus propias condiciones espirituales. No agravemos su situación de malestar ni perturbemos su tranquilidad con el incontrolado y rebelde desespero. Infinitamente más inteligente y humano es orar por él o ella, en paz, aunque sea con nostalgia.

La oración es un sedativo para el alma que ora, tanto cuanto para aquella que recibe sus vibraciones. Lo que desean de nosotros los espíritus que se fueron es que podamos dar proseguimiento a nuestra vida, realizándonos en la práctica del bien y del amor al prójimo, para que un día podamos estar juntos nuevamente, pero no con la posesividad exclusiva de los egoístas.

Nadie es de Nadie, porque somos todos de Dios. El hijo de hoy podrá haber sido el padre o el hermano de una vida pasada, o de una existencia que todavía está en las brumas del futuro.

No hay separaciones para aquellos que se aman, pero hay, si, para aquellos que se juzgan propietarios de los otros, apenas porque les proporcionaron un cuerpo físico para que vivan por algún tiempo en la Tierra.

Por eso, decía Edgar Cayce, el sensitivo americano, que "el amor no es posesivo, apenas es".

27. "¡HASTA UN DÍA!"

QUERIDA LECTORA Y QUERIDO lector, ha llegado la hora de despedirnos. Por lo menos por algún tiempo. Nunca se sabe dónde y cuándo iremos a encontrarnos unos con los otros nuevamente, incluso porque, como ya fue dicho páginas atrás, la vida jamás se utiliza del punto final.

Nuestro libro no fue concebido y realizado con el propósito de resolver todos los problemas posibles en esta área tan amplia y compleja, o de responder a todas las preguntas que se puedan formular, incluso porque no tendríamos todas las respuestas. Se limitó a ser una reflexión acerca de la infancia del ser humano en la Tierra, y que todavía vemos involucrada en denso velo de equívocos.

Como pudimos observar, tenemos respeto de todo eso y muchas cosas para desaprender e inúmeras otras para aprender. Difícilmente podremos poner muebles nuevos en la casa en que vivimos – nuestra mente – a no ser que se desocupe un espacio, que antiguas piezas inservibles que están obstruyendo indebidamente. Pero la renovación no consiste apenas en deshacernos de todo lo que poseíamos para adquirir todo nuevito. Para ciertos aspectos, basta una nueva disposición en los arreglos o restauración de las piezas antiguas que todavía pueden tener serventía.

Sabemos, por ejemplo, de remotas creencias, que el ser humano es dotado de alma y que esa alma es inmortal, o, por lo menos, que sobrevive a la muerte del cuerpo que ocupa en la Tierra. Todo bien. Hay, sin embargo, un mueble imprestable obstruyendo la sala, en uno de sus puntos más importantes – que esa alma es creada en el momento de la concepción o del nacimiento, cuando en verdad ella ya existía antes, en otras vidas y, ciertamente, volverá más veces, en futuras existencias – en la carne.

El concepto de la responsabilidad personal de todos los seres por los actos que practican puede y debe continuar componiendo nuestro mobiliario intelectual, pero tiene que pasar por ciertas alteraciones y modernizaciones. No se responde, con la condenación eterna, al cabo de una sola vida y de manera inapelable, por los errores de esa existencia. Como, también, no vamos derecho para el cielo, por más perfecta que haya sido la vida, del punto de vista humano. Mismo porque el cielo también es una pieza que sólo nos puede continuar sirviendo si pasa por una buena restauración. Oportunidades de recuperación nos son incansablemente concedidas por las leyes divinas. Si a nosotros Cristo nos recomendó perdonar setenta veces siete, ¿cuántas veces nos perdonaría Dios? La respuesta es: siempre. Sucede que también el concepto de perdón necesita de unas escobilladas y tal vez de un estofado nuevo, porque perdonar no es apagar el error cometido con un pase de magia. La magia es ilusión y las leyes son realistas y objetivas. El perdón, que las leyes nos conceden, se expresa en oportunidades de hacer de nuevo aquello que hicimos errado. Hasta aprender.

Morir no es ninguna tragedia y casi siempre – si el procedimiento de la persona fue satisfactorio, mismo dentro de sus obvias limitaciones – es un momento de liberación y de reencuentro con inolvidables amores. Nacer es que es problemático, porque traemos programas y tareas, obligaciones y compromisos que no siempre conseguimos cumplir de manera adecuada, cuando no, los agravamos con nuevos errores.

Entre vivos y muertos, o sea, entre personas viviendo en la carne y personas que viven en el mundo póstumo, hay un intercambio mucho más intenso y activo de lo que sospechamos, aunque de él no siempre tomemos conocimiento consciente. Personas dotadas de facultades especiales pueden servir de intermediarios entre esas dos caras de la vida, poniendo en acción un proceso que nos muestra importantes aspectos de las condiciones que nos esperan del lado de allá. Siempre es bueno recordar, sin embargo, que todo es vida, tanto de este lado como del otro. Y que los "muertos" son personas, como nosotros.

Los niños son personas, también. Personas adultas, vividas, experimentadas y dotadas, a veces, de mayor capacidad intelectual y mayor equipaje cultural que mucho de nosotros. La dificultades que experimentan, en los primeros años de vida en la carne, son apenas la de mover satisfactoriamente su maquinita de vivir en la Tierra, que sólo queda "lista" para funcionar ahí por la adolescencia y, en sus mejores condiciones, allá por la madurez.

Las limitaciones demostradas por los niños, por lo tanto, no son debidas a la precariedad de sus espíritus, pero por las deficiencias del instrumento de que se están utilizando para vivir en la Tierra, o sea, sus cuerpos físicos. No son pocos los años consumidos en adaptarse a ese cuerpo, en la espera que pueda responder adecuadamente a los comandos de la mente que a él se acopló, cuando el espíritu de él se aposó en el inicio de la gestación. El aprendizaje es lento y difícil, pues envuelve muchas complejidades, dictadas por la necesidad de adaptación al medio, desenvolvimiento de un correcto sistema de comunicación, formación cultural, recuperación de habilidades físicas y mentales, bien como una técnica de convivencia con los seres junto a los cuales fuimos colocados.

Los mecanismos de la vida son sutiles e inteligentes. En la formación del cuerpo físico se puede observar una recapitulación de multimilenarias conquistas biológicas. Es como si el cuerpo repasase, en cerca de nueve meses, todos los milenios de su experiencia filogenética, desde que, en el decir de Lyall Watson, la vida aprendió a duplicarse, o sea, a reproducirse. Si Watson no se aborrece conmigo, yo lo diría de otra manera: no fue la vida que aprendió el proceso de la duplicación, fue ella quien le enseñó a los seres, porque tenía sobre todos nosotros planes que ni de cerca podríamos imaginar, pues no disponíamos, siquiera, de imaginación.

También el espíritu parece hacer una especie de recapitulación de su proceso evolutivo. Aunque venga para la existencia corporal con todo su potencial debidamente preservado y listo para interactuar con el medio, ese conocimiento y esa experiencia anterior quedan como que segregados en compartimientos cerrados, pero no del todo inaccesible. Él necesita de una oportunidad, de un recomienzo, como si recién creado, simple e ignorante, como dicen nuestros instructores, lo que vale a decir, en estado muy semejante al de la pureza e inocencia que se acostumbra atribuir a los niños.

Tal vez haya sido por eso que Jesús recomendó a los discípulos que no impidieran que viniesen los niños, porque de ellos era el Reino de Dios. Regreso a su infancia espiritual, el espíritu acostumbra a ser simple, puro, ingenuo, espontáneo y auténtico. Está en la fase en que se pone al alcance de alguna influencia, sea en un sentido o en otro, esto es, para el bien o no. Mucho del éxito o fracaso de tales influencias va a depender de las estructuras y matrices comportamentales que el niño traiga consigo, como espíritu preexistente que es. En intensidad mayor o menor, estaremos siempre abiertos a cierto grado de influencia ajena, pero en ninguna fase es evidente esa predisposición como en la infancia.

De ahí la grave responsabilidad de los padres, tutores, orientadores y educadores de los niños, que podrán ser estimulados a dar importante paso adelante, desarrollando facultades y potencialidades que traen en sí mismos como también podrán estacionar en la ociosidad, o hasta incluso recaer en situaciones que ya podrían haber sido superadas si les fuese inculcados los adecuados hábitos de la vida, las motivaciones correctas, el sano propósito de caminar en el sentido de la realización personal, como espíritu, en la amplia y luminosa perspectiva del proceso evolutivo.

Es de la mayor importancia, en todo esto, la presencia de Dios, no como mero concepto teológico, o necesidad de creencia y conveniencia de pertenecer a esta o aquella institución religiosa, pero como convicción, como principio ordenador de toda la existencia, esencia misma del proceso de la vida.

No hemos de ser, necesariamente, cristianos, musulmanes, budistas o judíos para "salvar" a nuestra alma, de ir al encuentro de los hurís, de alcanzar el nirvana o de animarnos en el seno de Abraham. Todo eso son imperfectas imágenes, maneras inadecuadas de figurar una realidad única – la de la perfección espiritual, que Jesús conceptuó como siendo la realización del Reino de Dios en nosotros.

Los libros sagrados de todas las religiones dignas de su nombre y tradición contienen principios aprovechables, pero no es leyendo tales libros, como si fuesen meros tratados de filosofía o practicando una batería de ritos y posturas, que vamos a llegar al estado de perfección que a todos nos espera. Es practicando de verdad, con convicción, las sencillas leyes del amor fraterno, pues el universo es una sola e inmensa fraternidad, distribuida en incontables comunidades de seres inteligentes, diseminados por todo el cosmos, de galaxia en galaxia.

Tendríamos, pues, muchas preguntas a poner en debate. La bellísima aventura de vivir presenta inúmeras facetas y aspectos. Uno de los tales aspectos es, justamente, el estimulante esfuerzo de la búsqueda. Un espíritu amigo, dotado de poderosa inteligencia y rico de conocimientos me confesó, cierta vez, que, lejos de sentirse frustrado por lo que todavía ignoraba, a respecto de las maravillas de la vida, más fascinado se sentiría ante las bellezas que aún tenía que aprender en los inmensos libros de lo infinito, mismo porque él, como nosotros, aquí, llevaba consigo más preguntas de que respuestas. Vivir nunca será un oficio rutinero.

No fue nuestro propósito, por eso, enseñar cómo son los niños, cómo deben ser encaminados o cómo pueden ser desencaminados por nuestra incuria: el objetivo fue el de que nos cuestionáramos juntos, intercambiáramos ideas, suscitáramos la dulce ansia de aprender más, de descifrar otros enigmas de la vida, ampliando el espacio del conocimiento, siempre conquistando pacíficamente el territorio desconocido de la ignorancia, donde permanece la inmensa reserva del futuro saber.

Si puedo pedirle algo, lector, es que continúe pensando, cuestionando y meditando. Si supiéramos preguntar, con verdadero propósito de aprender y con la dosis correcta de humildad, la vida nos irá respondiendo, o, para decir la misma cosa de otra manera, Dios en nosotros responde con la luz, haciendo retroceder las sombras. Es así que podemos ver cuán bello y vasto es el mundo que Él hizo para nosotros y que no estábamos percibiendo precisamente porque la sombra estaba en nosotros, no en el mundo.

Como somos todos compañeros de jornada y la vida es un modo de viajar – y no una estación, como dijo alguien –, es probable que nos encontremos por ahí, durante el viaje. O que ya nos hayamos encontrado en otro lugar, en el pasado.

Hasta un día, por tanto...

P.S. – Algunos aspectos dejaron de ser considerados aquí, en primer lugar, para no aumentar demasiado el libro; en segundo, porque fueron tratados en otros estudios míos, o ajenos. Se me ocurre recordar cuatro de tales aspectos: la educación, la familia, la sexualidad y las drogas, que tienen, todos mucho que ver con la temática de este libro. Al lector interesado le recomiendo el libro del querido amigo y compañero de ideal Deolindo Amorim, El espiritismo y los problemas humanos, para el cual escribí los capítulos finales, precisamente sobre los temas arriba mencionados.

Es preciso no olvidar, entretanto, que aprendemos de verdad cuando abrimos el libro supremo de la propia vida, para que ella misma nos revele sus misterios...

28. El Oficio de Vivir

OFICIALMENTE, ESTE LIBRO terminó en el capítulo anterior, en el cual hasta nos despedimos, el lector y yo. Un problema, con todo, me restó todavía, como que "trabado" en los canales por donde circulan los pensamientos, en el sistema que el amigo espiritual referido en otro lugar caracterizó como siendo el conductor, sin llegar específicamente al expresor. Resolví examinarlo de cerca y de eso necesito dar cuenta al lector, aunque después de debidamente despedidos uno del otro. Es lo siguiente.

No hay duda de que el lector y la lectora familiarizados con los aspectos de la realidad espiritual abordados en este pequeño debate se sientan perfectamente a gusto con las ideas aquí ventiladas y con los conceptos puestos sobre la mesa. Sucede que el libro es objeto que circula por todas partes y a todos lleva su mensaje, a veces potencialmente perturbador, en el sentido que puede causar cierta "desordenación" en nuestro microcosmo personal. Nuestras ideas tienen cierto arreglo, el cual estamos acostumbrados. Sabemos perfectamente dónde encontrar esto y aquello y cómo caminar por los corredores y aposentos de la mente, con la seguridad de la persona que, después de vivir muchos años en una casa, es capaz de encontrar hasta un libro en determinada repisa en plena oscuridad, porque todo le es familiar.

De repente alguien se mete en nuestra casa, cambia todo de posición y cambia hasta la serventía de los cómodos, llevando los muebles del dormitorio para el comedor y la biblioteca para la cocina, o los sillones para el jardín.

¿Cómo reordenar toda esa caótica situación?

Es justo, pues, considerar el caso de aquellos lectores inteligentes y abiertos a nuevas ideas y propuestas, pero que todavía no habían pensado en la posibilidad de tales cosas fuesen realmente verdaderas o por lo menos, no habían pensado en eso a serio, como elemento vital de la ordenación de sus vidas y en la manera de considerar a los niños que nos cercan – hijos, nietos, sobrinos o apenas de familias amigas y conocidas.

¿Entonces, es verdad que realmente somos todos seres preexistentes? ¿Quiere decir que ya vivimos antes y hasta podemos haber conocido nuestros padres, hermanos y amigos de otras existencias? ¿Quiere decir, entonces, que la muerte no es esa cosa definitiva e inapelable que pensamos ser? ¿Será que estoy en la religión equivocada y debo cambiar toda mi filosofía de vida?

Vamos con calma, lector/lectora.

Si su sistema interno de comparar los valores de la vida está de verdad desfasado con relación a los conceptos básicos que expusimos en el libro, es correcto que usted está necesitando de buena reformulación estructural. Eso, sin embargo, no es lo que se acostumbra a llamar de sangría desatada, aunque constituya, a mí modo ver, importante prioridad para que usted cuide. Usted no será la primera, la única, ni la última persona a verse, de repente, colocada ante una realidad del cual no había todavía sospechado o que no había considerado con la debida atención. No importa. Vamos por partes.

Tal vez sea oportuno que volvamos por unos momentos al precioso libro de la eminente dra. Helen Wambach, pues ella tuvo bajo sus cuidados personas que también pasaron por ese periodo de perplejidad.

Incluso yo fui testigo de un episodio de esos, a través de una grabación, en el cual la persona hipnotizada analizó, con los detalles necesarios, sobre una de sus vidas anteriores y, en seguida, fue despertada y escuchó su increíble testimonio. Era un hombre de buena cultura general y técnica (dentista de profesión), inteligente, sensato y bien puesto en la vida, hablando de su propia encarnación anterior, cosa que nunca le había pasado por la cabeza. Además, ¿cómo conciliar aquello con sus creencias y prácticas protestantes, él que, según su propio relato, había sido sacerdote católico de la vez anterior?

Acostumbro a decir que cuando no podemos cambiar los hechos – lo que, de pronto, sucede con frecuencia – tenemos que cambiar nuestra postura ante ellos. Como en la conocida historia de Mahoma y la montaña. Si la montaña no viene hasta donde estamos, tenemos que ir hasta donde ella está, si es que en realidad tenemos que subirla. ¡Y tenemos!

El universo investigado por la dra. Helen Wambach es integrado por un grupo heterogéneo, de personas, ligadas a diferentes sistemas religiosos o desinteresadas de especulaciones de ese tipo. Muchas de esas personas se vieron en la contingencia de describir "impresiones que estaban en conflicto con sus creencias conscientes".

No fueron pocas las sorpresas y perplejidades.

Yo continuaba a encontrar que las informaciones que me llegaban a la mente [decía una persona] eran insensatas, pero sus preguntas pasaban con rapidez y yo me recuerdo de mis respuestas. Tenía la impresión de que si yo tuviese más tiempo, las habría respondido de modo diverso, porque ellas están en conflicto con aquello en que creo.

Esto es cierto. Con tiempo para pensar, el consciente interfiere y molda las respuestas según lo que la persona encuentra correcto, no dejándolas salir en los términos en que la información está emergiendo del subconsciente, o sea, de la propia individualidad espiritual allí presente.

La dra. Wambach dice lo siguiente:

La gran mayoría de mis pacientes, cuando me expresan sus pensamientos, después de la experiencia, se confiesan perplejos acerca del material que emergió y que precisarían de algún tiempo para digerir todo aquello. (Destaque mío).

Tomé conciencia de cómo soy un misterio para mí misma [dijo otra señora] y me puse a meditar sobre las potencialidades contenidas en mi olvidado pasado [...]

Como puede percibir el lector, no estamos aquí cuidando de vagas y pasajeras impresiones, pero de realidades insospechadas, que remueven con las profundidades de nuestro ser y traen consigo una fuerte carga emocional. Teniendo por hábito destacar, en experiencias de ese tipo, el importante factor de la emoción suscitada, y observo, con alegría, que también la dra. Wambach lo valoriza adecuadamente. Es difícil, sino que imposible, fingir emociones de tal intensidad. Ellas son autenticadoras, mismo porque nadie está allí para armar una farsa o representar un papel. ¿Para iludir a quién? ¿A sí mismo? Todavía más que en expresiva porcentaje, la realidad contemplada por la persona no confiere con aquella que ella cree ser verdadera. Creer que las cosas se pasan de esta o de aquella manera es bien diferente de observar cómo, de hecho, ocurren.

Por todo eso la dra. Wambach informa que, después de las experiencias de regresión, sus pacientes se presentaban un tanto pensativos. "Todos tenían", escribe ella, "una mirada distante (...), parecían notablemente pensativos y contenidos (...)"

Es que acababan de regresar, como dijo una de ellas, de "una larguísima jornada" por insospechada región de sí mismos.

Insisto en decir al estimado lector y a la querida lectora, en estas líneas finales, que este libro no fue elaborado con intensión proselitista, o sea, con el objetivo de atraerlos para las hileras del movimiento espírita. No soy muy llegado a esas cuestiones, meramente estadísticas, incluso porque, como también ya fue dicho, el espiritismo no se considera propietario de los conceptos básicos en que se apoyan sus estructuras doctrinarias. La verdad no tiene dueño, porque es de todos. Es, por lo tanto, suya también, lector/lectora. Lo importante en la tarea de administrar el relacionamiento padres/hijos está en la nítida convicción de la realidad espiritual. O sea, la de que traemos en nosotros un vasto y poco explorado universo in-espacial extremadamente rico en potencialidades, cuyo conocimiento mucho podrá ayudarnos a entender mejor aquello a que acostumbro llamar del oficio de vivir.

Otro concepto favorito mío es este: sólo progresamos substituyendo ideas obsoletas e inservibles por ideas nuevas, aunque, de inicio, un tanto traumáticas a nuestro sistema personal de pensar y vivir.

Yo acostumbraba a decir, también, que – aparte de Dios, que es inmutable – sólo existe una cosa permanente en la vida: es el cambio. Pero un día descubrí que Heráclito había dicho la misma cosa, y entonces perdí el derecho de propiedad sobre una de "mis" frases predilectas. En fin, Heráclito también es un sujeto inteligente y la frase continúa válida. (Atención para el tiempo presente: Heráclito es, pues continúa tan vivo cuanto usted y yo.)

En el fondo, podemos sentir cierta nostalgia de las antiguas y superadas ideas, que nos parecían confortables y definitivas, pero terminamos gustando más y mejor el nuevo orden, al verificar que sobró más espacio para pensar y vivir. Por lo menos hasta que tengamos que cambiar, una vez más, viejas piezas inútiles por nuevas, y darles, en nuestra mente, disposiciones aún más armónicas. Un día, terminaremos sorprendidos con la realidad de estar ya viviendo en tan sonado Reino de Dios.

Pero, al final, la vida es eso mismo: movimiento, madurez, realización, evolución a desdoblarse por todo el infinito...

Estimado lector, como usted está cansado de saber, esto no es un libro y sí una conversación y una conversación con amigos no tienen fin. Muchas cosas sucedieron después de que fue lanzada la primera edición de este texto, en 1989. Yo quedaría frustrado si no le contase que, en 1991, gané una especie de "diploma de padre". Encontré, pues, que era de mi deber compartir con usted esa alegría. Si usted, por acaso, vislumbra una puntita de orgullo en mis ojos mojados, ¿qué hacer? Al final, nadie es perfecto ni de fierro...

Dé vuelta la página y confiera.

29. DIPLOMA DE PADRE

CIERTAMENTE USTED YA VIÓ un Diploma de Madre, de esos que son vendidos en quioscos, ya impresos, y que sólo precisan ser llenados en los lugares correctos el Día de las Madres, para entregar a aquella persona muy especial, en el seno del cual su actual existencia comenzó. No sé si ustedes ya vieron el Diploma de Padre. Si no lo vieron, lo verán ahora, pues tengo uno para exhibir, rogándoles las disculpas por la falta de modestia. Lo gané el día en que conmemoramos, mi esposa y yo, 49 años de matrimonio. Fue escrito por Ana-Maria, aquella misma personita con el cual este mismo libro comenzó.

Es un diálogo entre el escriba que os habla y el Padre Eterno. El escenario es el cielo, el año, 1920.

Por orden del Señor, Pedro, el querido Pescador de Almas, portero perpetuo de la mansión celestial, recibe a aquel que sería yo y me lleva en la presencia del Altísimo. Creo que hasta Ana-Maria estaba por allá, escuchando discretamente por tras de alguna diáfana nube, dado que ella reprodujo fielmente la importante conversación.

He aquí lo que ella escribió:

"– ¿Y cómo está usted, hijo mío?

"– Estoy muy bien, Señor. Mejor ahora, en Su presencia.

"– ¡Qué bueno que usted piense así! ¡Pero, lo llamé aquí porque, usted sabe, usted pidió para volver y resolví que usted va a descender el día 5!

"– ¡¿Día 5!?

"– Sí. Allá en la Tierra, hay día, hora, meses, esas cosas... Allá existe el tiempo.

"– Ah, sí sé...

"– Bien, Usted se va a llamar Herminio Corrêa de Miranda; su madre, Helena, y su padre, Reduciendo, lo están esperando con mucha ansiedad. Usted va a ser el primer hijo de ese matrimonio que está muy próximo de mi Amor.

"– Sí, Señor.

"– Su plan de vida ya está, como es de costumbre, decidido, siguiendo su previa solicitud. Pero, naturalmente, usted tendrá el libre albedrío, o sea, el derecho de escoger otro plan, de cambiarlo.

"– Sí Señor.

"– Usted primero va a ser hijo. Después, va a ser ahijado, después hermano, después alumno, y...

"– ¿Alumno, Señor?

"– Sí, Alumno y tío, primo, funcionario, y así por delante, hasta ser enamorado, novio y esposo, para después ser... Padre. Esta es la más importante de todas las categorías citadas.

"– ¿Padre, Señor? Pensé que sólo usted Señor pudiese ser Padre.

"– Bien digamos que soy el Padre de todos los padres.

"– Ah, sí sé...

"– Pero usted también va a ser Padre, como dije. Usted pidió tres hijos; dos niñas y un niño.

"– ¿De verdad, Señor?

"– Sí. Primero, claro, viene Inez – aquella que va a ser la eterna compañera, la madre de sus hijos. Después entonces, vendrá Ana-Maria, Marta y Gilberto.

"– ¿Ana-Maria, Marta y Gilberto?

"– Sí. Fue lo que usted pidió. Le van a dar mucho trabajo, muchos problemas, muchas descreencias, muchos disgustos, pero algunas alegrías que compensarán mucho de todo esto. Es así que los padres piensan...

"– Sé...

"– Naturalmente, que esto sólo va a comenzar a suceder de aquí a 23 años.

"– Naturalmente, Señor. Veinte y tres años...

"– Pero, como iba diciendo, de todo lo que usted pidió para ser, ser Padre es lo más difícil allá en la Tierra. Y con el pasar de los años, va a ser cada vez peor.

"– Entiendo, Señor...

"– No, hijo mío, usted no entiende. Pero cuando llegue el momento usted sabrá qué hacer; a veces hasta con mucho sacrificio, renuncia, angustia y hasta revuelta. Pero, con mucha comprensión.

"– Señor, me parece demasiado difícil. ¿¡Revuelta y comprensión?!

"– Sí, realmente. Usted es quién sabe. Fue lo que me pidió.

"– Estoy muy receloso, Señor. Ser padre, como usted Señor... No voy a conseguir.

"– ¿Quién sabe? De aquí a muchos años, vamos a encontrarnos de nuevo y así retomaremos esta conversación...

"– Sí, Señor... Pero, veo dos sobres en Sus manos. ¿Son para mí?

"– Ah, ya iba a llegar ahí. Vamos a ver. Este aquí, contiene mis instrucciones para su vida de padre. Aquí están las soluciones para todas las situaciones que va a enfrentar con Ana-Maria, Marta y Gilberto. Aquí está qué decir, hacer, aconsejar, enseñar, reprender, incluir, todo. ¡Voy a instalar estas instrucciones en el computador de su espíritu!

"– ¿Computa... qué, Señor?

"– ¿Computador? Un día usted va a saber. Cuando llegue el momento de resolver el problema con uno de los retoños, es sólo llamar a la memoria y ya vendrán todas *MIS* instrucciones. ¡Aquí está el programa!

"– Gracias, Señor, ¡pero debe haber algún equívoco, aquí sólo hay una hoja de papel en blanco!

"– No es engaño no, hijo mío. Es que sólo los Padres pueden leer lo que está ahí.

"– Ah, entendí, Señor. ¿Y el otro sobre?

"– Este contiene una única palabra.

"– ¿Sólo una?

"– Sólo una. Y usted sólo va a poder abrir este sobre el día que sienta necesidad de saber una cosa muy importante.

"– ¿Verdad, Señor?

"– Sí.

"– ¿Pero qué cosa es esta? ¿Algo relacionado con los hijos?

"– Sí. Voy a explicarle. Yo sé lo que usted pensará a respecto de sus hijos. Sé lo que ellos tres pensarán a su respecto. Pero usted no sabrá lo que ellos piensan a su respecto, como padre.

"– Ah...

"– Entonces, el día que usted quiera saber, abra este sobre. Si por lo menos uno de ellos tres le llame de la palabra escrita aquí, en esta hoja, usted se habrá aproximado más aún de Mí, como... Padre.

"– Sí, Señor.

"– Bien, llegó el momento. De aquí a un segundo, usted no se recordará de nada más, por muchos, muchos años. Anda, Herminio. Mi bendición y buena suerte.

"– Gracias, Señor. Voy a sentir Su falta. Hasta la vuelta..."

(El segundo acto se pasa en la Tierra, en 1991. Cuando el matrimonio está conmemorando 49 años de unión. Recibo de Ana-Maria, el siguiente recado):

"– Padre, abra aquel sobre hoy. Vea si la palabra escrita por el Señor, no fue... AMIGO.

"... era."

Así, este libro, que comenzó con Ana-Maria, va llegando al final con esta página que ella creó con el talento y la emoción que fue generosamente dotada. Ella firmó mi Diploma de Padre. Él me responde a una de las preguntas que yo leí en los ojos de Ana-Maria, cuando, por la primera vez, nos encontramos del lado de acá de la vida. ¿Se acuerdan? Ella se preguntaba así: – ¿Será que ese sujeto va a ser un buen padre para mí?

Con él, podré, un día, presentarme allá arriba, como aquel trabajador que habló Pablo, que no se avergonzará del trabajo que realizó por aquí, en la Tierra.

30. Diploma de Padre – Parte 2: La Misión

CONVIDADO DE ALEXANDRE Machado Rocha, mi editor, yo participaba de una noche de autógrafos, en la Bienal del Libro, en San Pablo, en mayo de 2000, cuando se aproximó de nosotros un grupo de matrimonios jóvenes. Deseaban conocerme personalmente, querían algunos autógrafos y me entregaron un bello dossier organizado por gente que entendía de informática y de emociones. De la primera, yo nada entendía y no progresé mucho en ese medio tiempo. Creo, sin embargo, que entiendo un poco más de emociones porque es con ellas que he procurado trabajar como simple escriba. Encuentro realmente que sin poner el corazón en aquello que escribimos, el texto queda resecado, frío y medio turbio. Y por eso, no llega al corazón de aquellos y aquellas a quién me dirijo. Y si el tempero de sus propias vivencias, los ritmos de sus pulsaciones de solidaridad y deseo de compartir con los lectores y lectoras un poco de aquello que aprendí de bueno.

Mal sabía yo que aquella noche me reservaba un surto de emociones tales que raramente he experimentado en el correr de esta larga vida.

Esta es más una de las buenas cosas que me propongo a compartir con usted que me lee ahora.

Como usted vio, este librito modesto – que tantas alegrías me ha proporcionado – tuvo un capítulo suplementar e inesperado, el cual le di el título de “Diploma de padre”, escrito por Ana-Maria, mi hija mayor. Me veo ahora en la contingencia de escribir el de número 30, para contar más una historia mágica y no menos conmovedora.

Los matrimonios que me visitaron en la Bienal tenían algo en común – eran todos padres y madres de niños autistas.

No disponíamos, allí, de tiempo suficiente para una conversación más larga y muy deseada por mí y, ciertamente, por mis queridos visitantes. Más tarde, noche avanzada, de vuelta en el hotel en el cual me había hospedado, me fue posible examinar la documentación que me había sido entregada.

Fue ahí que la válvula de las emociones se disparó.

Primero: el dossier abría con una página colorida encimada por los siguientes dichos:

"Editora Lachâtre: Tenemos una capa personalizada para ese gran libro. En seguida, una reproducción de la capa del libro sobre el autismo, con la siguiente alteración: en vez de Autismo – una lectura espiritual, estaba escrito Autismo – una lectura fraternal."

Se seguían los siguientes textos:

"Hay quienes les guste de las famosas continuaciones de películas en el cine. Particularmente, encuentro de gusto indiscutible producciones como Rocky I, II, III, IV, o Duro de Matar (y de asistir) I, II, III. Pero lo que vamos a presentar aquí, con certeza va a tener mucho éxito entre algunas personas especiales.

"Diploma de Padre – parte 2: la misión

"– Bien, llegó el momento. De aquí a un segundo, usted no se recordará de nada más, por muchos y muchos años. Anda, Herminio. Mi bendición y buena suerte.

"– Gracias, Señor. Voy a sentir Su falta. Hasta la vuelta...

"– Espere, hijo mío. Tengo otro sobre. Pero no es exactamente suyo, pero dice a respecto de usted.

"– ¿Tiene que ver con mis hijos, Señor?

"– Más o menos. Usted va poder comprometerse con ese sobre o no, ese es, digamos, opcional. Usted es quien decide.

"– ¿Pero qué contiene ese sobre, Señor?

"– Mi querido hijo, como le dije, usted será alumno, tío, primo, funcionario, enamorado, novio y esposo, para, después, ser... Padre.

Como también le dije, tendrá tres hijos que serán muy amados y le traerán muchas alegrías.

"– Pero ese sobre contiene muchos, muchos sabe, Herminio, yo no conté cuántos otros sobrecitos.

"– ¿Sobrecitos dentro del sobre, Señor?

"– Sí, esos sobrecitos son hijos de otros padres y de otras madres. Llegarán hasta ellos, así cerraditos, pareciendo contener un grande y dulce misterio. Esos hijos-sobrecitos son mis mensajes para esos padres y para quien esté por cerca. Quién abra esos sobrecitos con mucho amor, hijo mío, podrá alcanzar la comprensión de cosas muy importantes.

"– ¿Podría preguntar cuáles, Señor?

"– Una de ellas es el entendimiento de qué es el ser "humano" en todas sus dimensiones. Usted, Herminio, tendrá la misión de ayudar a esos padres a abrir estos sobrecitos.

"– No sé si entendí muy bien, Señor. Parece ser una gran responsabilidad. ¿Cómo ayudar a otros hijos que no son míos? ¿Yo ni sé cómo me saldré como padre, cómo, entonces ayudar otros padres?

"– Usted sabrá cómo y cuándo, Herminio. Muchos estarán haciendo lo mismo, intentando abrir esos sobrecitos, pero usted contribuirá con su parte. ¿Acepta la misión?

"– Señor mío, usted me dio mucha fuerza, cariño e incentivo y tengo la certeza que podré siempre contar con usted en aquellos momentos en que las dificultades aparezcan. Por eso acepto, sí, la misión.

"– No lo atrasaré más, hijo mío. Anda, Herminio. ¡Mi bendición y buena suerte! De aquí a un segundo, usted no se recordará de nada más, por muchos y muchos años.

"– Gracias, Señor, por la confianza depositada. ¡Hasta la vuelta! Sentiré realmente Su falta.

(El segundo acto se pasa en la Tierra, en el año 2000. Herminio está autografiando uno de sus libros más conocidos en la 16ª Bienal Internacional del Libro, en la ciudad de San Pablo.

Llegan a sus manos algunos papeles. ¡¡¡Él los reconoce!!! Son algunos de aquellos sobrecitos. No están más cerrados. Están abiertos y él percibe que de allí salen muchos mensajes de Dios. Herminio sonríe y agradece a Dios, su Señor y nuestro Señor, por haberle confiado tan especial misión...)"

Ese texto, iluminado por el amor y por la emoción, es de autoría de Cristina Aparecida H. Lopes, que habla por ella y por su muy querido Gabriel.

Junto al texto, vino la siguiente carta:

"Querido Sr. Herminio,

"¡He aquí algunos de los sobrecitos de Dios!

"Nosotros, padres, estamos intentando hacer por merecer tan maravillosos regalos de nuestro Creador, entender Su mensaje y multiplicarlos, ofreciendo a toda la humanidad, a través de la convivencia con esos sobrecitos, la gratitud de un Dios soberanamente justo e infinitamente bueno.

"Tuve inmensa alegría en recibir un telefonema suyo en 10.11.1998, agradeciendo el email enviado a la Editora con comentarios sobre el libro Autismo – una lectura espiritual. Fue una emoción muy grande.

"Soy madre de Gabriel, hoy con 6 años. Él está muy bien, vivimos en Sorocaba, SP. Gabi frecuenta una escuela en clase regular y tuvimos muchos progresos, a pesar de su habla no haber llegado, aún.

"En la lista de discusión llamada Esauluz, tenemos con otros padres y profesionales a través de esa sintonía virtual de la internet, a la luz de la Doctrina Espírita, intercambiando ideas y sentimientos sobre el niño que está especial, porque como usted dice, sin ese input espiritual no se llega muy hondo de nada, nada, ¿no cierto? (Verá, a seguir, que Nilton Salvador, autor de Vida de autista, también participa de esa lista y le envía un mensaje.)[3]

"Vea sólo, desde 16.04.2000, estamos estudiando sistemáticamente en la lista el libro Autismo, donde el compañero Daniel coloca un resumen de cada capítulo y sus observaciones. A seguir, otros participantes de la lista que quieren, tejen sus comentarios. "Entonces, cuando supimos que estaría en la Bienal, resolvimos prestar un sencillo homenaje, intentando retribuir con cariño lo que hemos recibido a través de sus

[3] Nilton Salvador es periodista profesional y escritor y tiene un hijo autista, sobre el cual escribió el libro mencionado en esta carta.

libros. (Mira, la fonoaudióloga de Gabriel no es espírita y está adorando el Autismo – una lectura espiritual.)

"Sr. Herminio, creo que es casi un fan-club. Todavía no leemos todos sus libros, pero las ganas es de poder leerlos todos.

"Me despido con un gran abrazo, con la foto de Gabi (tenemos 3 Gabrieles en la lista) y con un trecho del libro "O Castelo das aves feridas", cuya autora la señora Nancy Puhlmann di Girolamo, me indicó cierto día, la lectura de Alquimia de la mente:

"'Somos interdependientes, interconectados. Unos están en la posición de padres, allá abajo. Otros son técnicos e investigadores. Algunos estuvieron antes de alas cortadas y permanecen ligados afectivamente. Otros causaron los cortes. Varios están ayudando para que no precisen perder las propias alas (...) somos todos como de la misma familia'.

"Muchas gracias,

"San Pablo, 07 de mayo de 2000

"Cristina Aparecida H. Lopes y Gabriel"

Claudia y Sidney R.A. Pereira me escriben de Volta Redonda, RJ, mi tierra. Ellos también recibieron un sobrecito de Dios y consiguieron abrirlo y leer allí adentro, el mensaje que su Gabriel desearía enviarme. Vean qué linda:

"Estimado Sr. Herminio Miranda,

"Mi nombre es Gabriel, tengo 11 años y estoy cumpliendo muy feliz este pasaje mío por la Tierra como autista. ¿Sr. Herminio, puedo llamarlo de amigo?

"Mi madre Claudia pidió para decirle (aunque yo sólo hable con la mirada) que fue gracias a su libro Nuestros hijos son espíritus que ella descubrió esa Doctrina de amor, que es la espírita. Y que, gracias a su libro Autismo, ella acepta mucho mejor nuestra realidad y encara nuestra misión con más amor.

"Yo y mi madre, nos gustaría mucho de agradecerle por el trabajo maravilloso que viene haciendo, escribiendo libros tan emocionantes. Ella ya los leyó casi todos. Amigo mío, aunque no nos conocemos, sepa que hace una diferencia en nuestras vidas. Usted tiene un lugar muy especial en nuestros corazones.

"Reciba mi abrazo el de mi madre y de todos los amigos de Esauluz. Quede con Dios. Gabriel.

"Volta Redonda, RJ"

Lean a seguir, otro bello testimonio, el de Silvânia Mendoça, madre de André Luis Rian, de 10 años, en la época, en mayo de 2000:

"Mi querido hermano en Cristo Herminio Miranda,

"Somos de Esauluz. Esauluz es una lista del internet, que abrazó la causa del niño autista o, mejor dicho, del niño que está especial.

"Somos unidos por nuestros hijos, por nuestra inmensa voluntad de aprender la Ley máxima de causa y efecto, unidos por la misma causa de amor. Nuestros niños están especiales. Así, unidos a la luz de la Doctrina Espírita, compartimos nuestras experiencias, nuestros mensajes, nuestros diálogos, nuestras vidas. Lo más interesante, sabe, amigo querido, es que para nosotros, las distancias físicas no existen; estamos en San Pablo, en Rio de Janeiro, en Fortaleza y en muchos otros lugares, inclusive, en Portugal. En verdad, la unidad vibratoria de la lista nos junta, constantemente, a cada instante.

"El nombre de Esauluz vino de las siguientes directrices: espiritismo, autismo, luz (conocimiento). La meta es simple y muy dinámica: "Instruíos, esta es la ley."

"Sepa usted, querido amigo, que usted fue uno de nuestros inspiradores, cuando dijo en su libro Autismo – una lectura espiritual: "Si usted no puede curar al niño autista, ámelo. De todo su corazón, con todo su amor y toda aceptación. Alguna tarea importante él está desempeñando junto a usted, ciertamente para provecho de ambos (...) Confíe, trabaje y espere."

"Y así, seguiremos. Pretendemos lanzar nuestro libro con nuestras ideas, pretendemos dar una pequeña cuota de amor en pro de los niños especiales carentes.

"Y si usted quiere conocer más íntimamente, el trabajo de Esauluz, converse con nuestro hermano querido y compañero de causa y jornada, Nilton Salvador. Podrá integrarse también a nuestros estudios con nuestra coordinadora Eugênia, por el email de Esauluz, esaluz@grupos.como. Estamos a su disposición, amamos su sabiduría y sus obras de amor.

"Besamos su corazón con mucho cariño. Esté en paz cristica.

"Silvânia Mendoça

"Madre de André Luis Rian

"10 años – autista

"Belo Horizonte, MG"

Sigue la carta de Nilton Salvador:

"Al amado Hermano de Camino

"Herminio C. Miranda

"¡Luz y paz!

"Quiso la regencia de la vida, que en más esta oportunidad no me fue posible encontrarlo personalmente. Oportunidad que las luces, tengo convicción, concederán, pues es verdad que nada sucede por acaso.

"Participante que soy de grupos fraternos de la doctrina, me sirvo de estas portadoras, madres y hermanas en la abnegada lucha contra el síndrome del autismo, en cuyas manos y voluntad se propusieron llevar hasta usted este mensaje, como una prueba de amor de su presencia, siempre constante en nuestras lides, principalmente después del advenimiento del Autismo – una lectura espiritual, que nos sirve de guía alentador para continuar nuestra saga con mayor comprensión que la Providencia Divina nos dejó.

"Con su sabia y compasiva escrita, está consiguiendo dejar a todos aquellos que lo leen, mejor entendimiento de las conciencias en los cumplimientos de la solidaridad y del amor, frente a nuestros autistas, regeneradores de nosotros mismos.

"Quiera el amado hermano, recibir por ellas una reivindicación justa y perfecta, mi testimonio de alto aprecio y distinta consideración.

"Luz y Paz,

"Nilton Salvador y Familia

"Curitiba, PR"

Veamos ahora, el testimonio personal de Arlete:

"Estimado Herminio,

"Mi nombre es Arlete.

"Vivo en Fortaleza, CE. Soy madre de Thiago, de 8 años, portador del síndrome de Down y autismo (foto).

"Intentando entender algunas cuestiones existenciales y, sobretodo, la condición de mi hijo, me aproximé recientemente de la Doctrina Espírita.

"Esa aproximación ha sido una experiencia singular en mi vida. Es un nuevo mundo que se descortina, con nuevos valores, nuevos caminos y nuevas personas, con quién he tenido la felicidad de convivir, algunas de las cuales de forma virtual, pero todas me han enriquecido mucho.

"En ese momento me vi cerca de usted, en el estudio de Autismo – una lectura espiritual. Me impresionó la forma clara y profunda con que usted aborda un tema tan arduo y polémico. Estoy haciendo una lectura muy lenta, intentando acompañarle lo más próximo que pueda. Hay mucho que comprender... Siento que todavía me falta acceder a muchas cosas... que hay un largo camino a recorrer.

"Quiero alabar el inmenso trabajo de investigación a que usted se lanzó, para propiciarnos un abordaje científico del autismo, medido por esa visión espiritual.

"Nosotros, aquí en Fortaleza, trabajamos en la dirección de la Fundación Proyecto Diferente, institución sin fines de lucro, que atiende a portadores de autismo, y que es administrada por los padres de los niños y jóvenes atendidos. Luchamos con dificultades para viabilizar nuestro trabajo, pero tenemos mucha fuerza y determinación.

"Pedimos su apoyo en forma de oraciones para nuestro trabajo, para nuestros niños y por todos aquellos que luchan por causa de los portadores de necesidades especiales.

"Que el buen Dios lo ilumine siempre,
"Arlete"

~

Veamos a seguir, la palabra amiga de Lie, Ivan y Gabi, en email de 17.05.2000, luego después del encuentro en la Bienal:

~

"Sr. Herminio, cómo le paso en pocas palabras, tanta felicidad de haberlo conocido. Poder abrazarlo para agradecer tanta dedicación al semejante.

"Sabe, le debo una explicación: sé que usted responde a muchas personas que lo inquieren. Pero soy Lie, madre de Gabriel Gustavo, que está especial. Autista. Con su propia luz y fuerza, pero a los pocos ha hecho sus descubiertas en este nuestro mundo.

"Somos muy gratos por libros tan maravillosos, como Autismo – una lectura espiritual, Nuestros hijos son espíritus etc. Sus libros son bálsamo para nuestra alma.

"Perdone que sólo ahora le escriba. Somos personas muy sencillas, de costumbres simples. Hay tanto por aprender, hay tanto por dividir que a veces, la soledad nos asombra, pero no vamos a desistir.

"Un día, estimado sr. Herminio, yo le dije a mi hijo: 'yo no voy a desistir de ti nunca, pues yo sé que me amas y yo te amo más que todo.'

"Como usted mismo escribió en su libro, si no puedes curar al autista, ámelo. Cómo dejar de amar a alguien que ya existía en mí mucho antes de que yo existiera.

"Estimado hermano Herminio, toda la luz del mundo.

"Con nuestro eterno cariño,

"LIE, IVAN, GABI"

~

En respuesta a esas emocionantes manifestaciones de aprecio y cariño, escribí la siguiente página:

"Si ustedes me hubiesen concedido el Premio Nobel yo no me sentiría tan feliz como me sentí al recibir el emocionante testimonio que me proporcionaron.

"Fue impracticable conversar largamente con los que comparecieron a la Bienal como representantes del grupo, bien como dedicar algún tiempo a nuestros queridos hermanos autistas, que también estaban allí.

"Solamente en la noche recogido en el hotel, tuve la oportunidad de leer el dossier con el cual ustedes iluminaron mi corazón. Después de leer los textos, fui a lavarme la cara al baño y tenía, en el espejo, un bello señor mirándome, conmovido, mientras las lágrimas continuaban cayendo. Eran lágrimas de gratitud, de felicidad, de amor grande, fraterno puro, de aquellos que, en el decir del querido Pedro, 'cubre una multitud de pecados'. Creo que dio para cubrir unos tantos míos.

"Soy muy grato a Dios, a Cristo y a los devotados amigos espirituales por haberme tornado posible el proyecto del libro, escrito con la emoción que ustedes en él encontraron. Soy igualmente grato a ustedes por abrirme tan amplio espacio en sus corazones para el viejo escriba que les habla. Me siento muy, muy feliz por saber que el mensaje que procuré pasarles encontró abrigo en ustedes y todavía contribuyó para inspirar al maravilloso trabajo que están realizando en sí mismos y en esos seres muy especiales que le fueron confiados por la sabiduría y la misericordia infinitas de nuestro Padre Supremo.

"Como ustedes saben, ellos no constituyen problemas, pero mensajes vivos de amor, propuestas de solución, oportunidades imperdibles de entendimiento, visando a retomadas, allí, más adelante en el tiempo y en el espacio.

"Adoré la expresión 'niños que están especiales'. Yo mismo acostumbro a decir que no soy Herminio, apenas estoy Herminio. Un día vamos a mirar hacia atrás y recordar que este fue un periodo muy feliz de nuestra trayectoria espiritual. Tengo certeza que allá, en aquél futuro, estaremos todos reunidos, inmensamente felices y agradecidos. ¡Va a ser una lloradera de lavar el cosmos en lágrimas de felicidad!

"Mi cariño, mi respeto, mi amor por todos ustedes y, de modo muy especial, para nuestros queridos y queridas que, por algún tiempo y por alguna razón respetable, están especiales. Son seres maravillosos, sensibles, inteligentes, vividos y sufridos dotados de enorme potencial y que, al final, están encontrando en ustedes el amparo que necesitan para reestudiar antiguas lecciones, realimentar sus almas y dar proseguimiento a la estupenda aventura de vivir y crecer espiritualmente en la dirección de la luz. Venimos de la luz y en ella vivimos, aunque no siempre la percibamos. Me recuerdo de una entidad que nos decía exactamente eso, maravillada por haber acabado de descubrir que estaba sumergida en la luz y sólo no la había percibido antes porque se había envuelto en sombras.

"El reino de Dios está en nosotros – dijo Jesús. Sólo es preciso realizarlo para que él se proyecte a nuestro alrededor. Somos una sola familia y donde quiera que estemos, estaremos en Dios.

"Muchas gracias por existir y por haberme aceptado en sus corazones generosos. En la medida de lo posible, estaré acompañando el bellísimo trabajo que están realizando.

"Dios nos bendiga a todos. Fraternalmente,

"Herminio C. Miranda

"P.S. 1: Tengo el antiguo hábito de orar diariamente, a las seis horas de la tarde. Ningún rito, postura, texto, fórmula memorizada o ceremonia especial – apenas el silencio interior, la meditación, la oración, la conversación relajada con Dios, con Jesús y con los amigos espirituales, y, al final de cuentas, conmigo mismo. Estamos allí para un proceso íntimo de reverencia y de realinear con los poderes superiores que nos guían los pasos. Si y cuando puedan, 'comparezcan' en espíritu, a ese momento mágico, si posible, con nuestros queridos que están especiales. Tómenles las manos en las vuestras y hablen con el Padre, agradeciéndole la oportunidad que les fue concedida de estar juntos y conscientes de las tareas a desempeñadar.

"P.S. 2: Otra sugerencia, que usted – madre o padre – podrá experimentar y cuya práctica ha proporcionado muchas alegrías. Procure estar presente, junto a su querido o su querida, cuando ellos o ellas se preparen para dormir. Ambiente de silencio y paz, a media luz. Durante el estado hipnagógico (entre la vigilia y el sueño), hable con el niño en voz baja, tranquila y pausada sin despertarlo. Él estará presente, oyendo lo que usted dice y perfectamente consciente que todos nosotros somos entidades espirituales sobrevivientes, inmortales, reencarnantes, perfectibles.

"Dígale que usted lo ama, de todo su corazón y que es grata a Dios por haberlo encaminado a su convivio. Que comprende las dificultades transitorias, pero que puede contar con todo su apoyo, su cariño, su presencia y comprensión. Dios los colocó juntos para que realizasen juntos, un trabajo muy importante para el futuro de todos.

"No hesite en hablarles de la reencarnación y de la responsabilidad de cada uno de nosotros ante el don supremo de la vida. Fuimos creados para la felicidad, no para el sufrimiento. Aunque la personalidad – el estar – ignore aparentemente, tales realidades, la individualidad – el ser – sabrá muy bien de lo que usted le habla.

"Dios no castiga, ni nos impone sufrimientos. La ley no es punitiva, ella es educativa. El dolor resulta de nuestro atrito con el orden cósmico, pero la misericordia del Padre está siempre a nuestra disposición y al alcance de nuestras manos, de nuestras oraciones, del legítimo propósito de ser bueno. Estamos todos aprendiendo a errar cada vez menos. Un día – depende de cada uno de nosotros – estaremos tan cerca de la perfección que poco espacio restará en nosotros para el error. Todos tenemos derecho a la felicidad, a la paz y a la armonía. Pida a su querido o su querida, su ayuda en el proyecto común de construir ese futuro.

"Reitero mi fraternal saludo. HCM, el viejo llorón del espejo.

"Rio, 9 de mayo de 2000."

En 23.05.2000, recibí, por email, más un bello mensaje de Claudia, madre de Gabriel, y que decía así:

"Sr. Herminio,

"Me disculpe incomodarlo más una vez. Pero, después de leer más de mil veces su linda carta a Esauluz, sobre los autistas, no resistí al impulso y le escribí esta sencilla poesía (dejando claro que no soy poetisa, fue apenas el corazón que quiso hablar).

"Acepte este humilde regalo, que es muy sincero.

"Quédese con Dios,

"Claudia (madre del Gabriel, 11 años)"

"Canción del Amor al Hombre Viejo

"Para Herminio de Miranda

"En frente ahí al espejo, a llorar, se ve el Hombre Viejo,

"Cojo de sorpresa frente a emociones, las lágrimas le caen por el rostro.

"Se siente frágil, impasible, un niño espiritual de verdad,

"En fase de la grandeza de un momento suyo y de una respuesta de Dios;

"Atrás del espejo existe una Madre,

"Que se enternece delante de la fragilidad del Hombre Viejo,

"Y que quería estar allí para poder secar sus lágrimas.

"El Hombre Viejo sin saber, ya hizo tanto por la Madre...

"Que le gustaría de anidarlo en sus brazos y poder consolarlo.

"Fue él, con sus escritos, que mostró a la Madre

"La belleza, la consolación y la sabiduría de su Doctrina.

"Fue él también, que le enseñó a olvidar las ofensas sentidas,

"Y percibir que todos nosotros, espíritus en evolución,

"Precisamos recibir amor para, en el momento correcto, saber perdonar;

"Le enseñó a tener paciencia y esperar por la ora de recibir el perdón.

"Ah..., Hombre Viejo del espejo, no llores.

"Muchas cosas ya se fueron, no puede más alcanzarlas.

"Pero, también, muchas cosas hizo con su trabajo

"De 'simple escriba', como dice, en su sencillez.

"La Madre se ha deleitado en su simplicidad,

"Ha bebido en la fuente de su sabiduría,

"Ha cultivado flores con sus consejos de amor.

"La enfermedad de su hijo ya no es enfermedad, es bendición.

"Y es a través de sus palabras, Viejo, que ella a cada día cura al hijo, de a poco;

"Y extendió ese proceso de cura para nuevas existencias, hasta que ese se haga por completo.

"Sin prisas, sin recelos, sin milagros.

"Pues ella sabe que la cura irá sucediendo con el progreso del hijo, de manera natural. La evolución no para, usted dijo.

"Es también porque, Viejo, has hecho con que ella llore menos, por causa de la esperanza que le dio.

"Con su carta en las manos, ya la leyó más de mil veces y la imprimió en el corazón.

"Hoy ella sonríe con su carta en las manos...

"Levante la cabeza, Viejo amigo, y no llores más,

"Sacuda sus dolores y emociones,

"Porque ha sido luz para tantos niños sin voz y sus padres tan cansados.

"Ha sido para muchos, el regalo, la dádiva, el consuelo...

"La Madre mira detrás del espejo, más una vez.

"Y pide a María (la mayor de todas las Madres) que vele por sus días.

"Que lo tome por la mano, para guiarlo,

"Sacándolo de la frente del espejo y llevándolo a viajar por los sentimientos

"De cada corazón que ayudó.

"Para que sólo así la Madre pueda volver a verlo sonreír,

"Niño, de nuevo...

"Claudia M. Pereira, 20.05.2000."

Tenemos todavía un testimonio – el de Silvânia Mendoça Almeida.

Veamos cómo es que ella cuenta su historia y, principalmente, la de André Luis Rian, en email de 11.05.2000.

"Herminio,

"Querido amigo y hermano de jornada. Permítame llamarlo así. Permítame escribir para usted e invadir su privacidad. Discúlpeme, perdóneme, pero no podría dejar y perder tan preciosa oportunidad. Mi nombre es Silvânia Mendoça Almeida Margarida. Soy madre de André Luís Rian Mendoca Motta, 10 años autista (?). Vivo en Belo Horizonte, soy espírita, todavía por tentativa y mucho aprendizaje, profesora de universidad y preparando mi proyecto de doctorado para presentarlo en la Universidad Federal de Minas Gerais.

"Querido amigo, permita narrar la historia de mi Andri Lums, como dice mi querido y estimado amigo Nilton Salvador. Ahí va. Esta narrativa la hice hace un año en una lista de autismo: André Luis Rian está con 9 años (ahora con 10 años).

"Un niño perfecto. Trazos perfectos. Saludable, lindo y feliz. A la manera de él, claro.

"A los 10 meses y 10 días dejó de gatear. Se sentó para mirar para un rinconcito. Esperé un mes. Su mirada siempre fija en alguna cosa. Pasó después a rodar siempre un mismo coche. No aceptaba otro. Me recuerdo que esperé un mes observando aquella situación y así comenté con mi madre: 'Mamá, el bebé paró de gatear. Sólo gateó 10 días. ¿Qué es lo que usted cree que está sucediendo?

"'Nada, hija mía, nada. El niño-hombre es así mismo.

Más flojo. La niña es más despierta.'

"Así, cuando a los once meses yo veía que nada sucedía, resolví llevarlo al ortopedista para un chequeo. Cosas de madre.

"En el ortopedista le hicieron varios exámenes, nada. Voy al pediatra, pensé. En el pediatra, todo normal. Partí para el endocrinólogo. Todo normal con el metabolismo. Pedí un encaminamiento para el neuropediatra. El neuro pidió un examen del X débil, tomografía computarizada y electroencefalograma. Todo normal.

"¿Qué era lo que André tenía, Dios mío? ¿Qué podría tener? ¿Psiquiatría, sería el caso? Para desencargo de conciencia, fui.

"André Luís hizo todos los exámenes posibles, inclusive en la clínica del famoso Dr. Sérgio Danilo Pena. Aquel médico internacional, que estudia los genes. Todo normal.

"Un otro neurólogo dijo que André Luís tenía ceguera cortical. Pero, como él era ciego se daba a entender que interpretaba ¿diagnóstico de la televisión?

"Desistí de ese médico y del diagnóstico.

"Varios remedios controlados para el niño si él no presentaba diagnóstico de epilepsia.

"Nuevo neuro. Cortes de Rivotril, Gamibetal y otros.

"De aquel día en adelante iría a desistir de diagnósticos y pronósticos. Iría atacar lo que parecía ser el mal. ¿Cuál era el mal, a mí entender? La mirada fija de André, él no andaba, no hablaba, no reaccionaba. ¿Autismo?

"Con la aquiescencia de mi marido, contraté, conforme pedido médico, una fisioterapeuta.

"Durante 1 año y 6 meses, André Luís fue trabajando en el método Bobath. Al inicio, sus gritos resonaban lejos. La empleada se volvió mi enemiga, salió de mi casa diciendo que yo era una madre sin corazón y que me denunciaría. Después de ese tiempo, André gateó. Finalmente, con 2 años y meses, anduvo.

"Me acuerdo que, para contratar a la fisioterapeuta, aparecieron, por un anuncio del periódico, 15 candidatos (as). Todos tocaron en el asunto dinero, pero mi hijo no era una mercaduría. Los entrevisté a todos, no prometí nada y solamente una chica recién recibida no había tocado en el asunto dinero. Aquella fue a la que contraté, pagando el precio de mercado. André Luís anduvo, comenzó a estar independiente. El habla, la pinza fina, el control de la prueba de acceso a la universidad dejaron mucho que desear.

"No sabía cuál era la edad metal de André.

"Juntas llegaron la terapeuta ocupacional y la fonoaudióloga. Nunca paramos.

"En las madrugadas, como si siempre supiese sobre el autismo, a pesar de André no tener diagnóstico, este 'rótulo' que mucha gente en nuestra familia cobra, yo comencé a trabajar.

"Noche tras noche, día tras día, como lo hago hasta hoy. ¿Silvânia y autismo combinarían?

"¿Cómo yo sabía que mi hijo era autista? No sabía, pero yo sabía. Es difícil explicar.

"El autismo estaba allí y debía vencerlo. Me decían que el niño autista no era afectuoso, no encaraba, no tenía una mirada. Pero eso no sucedía con André.

"Bien, si estaba correcta o errada, cabrá a Dios juzgarme. No me arrepiento de nada de lo que hice.

"Media noche, una de la mañana, dos... y allá estaba yo.

"Decía: 'Dedé, da un chaito para mamá.' Nada, nada, nada.

"Comencé y argumentar, a sonreír, a llorar, nada.

"Comencé a amenazar en el buen sentido. 'Dame un chao sino tomo su chupete.' Yo tomaba su chupete. Él se debatía, quería el chupete. Tres de la mañana yo había ganado un chao que era con las manos (moviéndolas) y me iba a acostar, para levantarme al otro día para el trabajo, a las seis.

"Tomé la almohada, juguetes u otras cosas más de su preferencia. La autoridad y límite hacen parte de mi persona. Conseguí. Yo había entrado en el mundo de André.

"No había solamente la autoridad, el respeto, no clasifico mi actitud como miedo, de la parte de él para conmigo, sino él no habría reaccionado tan bien.

"Descubrí la música, la regencia, Elvis Presley, Roberto Carlo, Joven Guardia.

"Descubrí las estereotipias. Me sentaba al frente de él y si hacía un gesto con la mano yo hacía el mismo gesto. A través de las estereotipias hablaba con André. Fui hablando del mundo de acá. De la risa, de la ternura del amor, de los sentimientos. Fui mostrando a sus hermanas. Les enseñé a las dos niñas (sus hermanas Carolina y Camila) a amarlo en mi ausencia. Les enseñé a que fueran dos mini terapeutas. Mi marido acompañaba el proceso. Todo era motivo de aprendizaje. La ventana y el cielo. El azul y el mar. Fui buscando a André. Los resultados comenzaron a aparecer. André estaba comenzando a sonreír para el mundo.

"Cuántas fueron las veces que me pellizqué y lloraba de fingimiento. Al mismo tiempo, sin dolor ni piedad, pellizcaba su piernita, o su brazo, apretaba su nariz. Yo me vestí de payaso (o mejor de la payaso), salté, grité, salto, grito. Caretas las más variadas. Mucho toque, mucha audacia y digo siempre: no existe autismo, no existe. ¿Quién habló que existe?

"Buscar el otro lado sin cuestionarse, hace bien. Los sentimientos negativos, la revuelta, el castigo, el sentimiento de culpa no combinan con la cura.

"Adopto la medida: 'lo no tiene remedio, remediado está', pero no en un sentido de inconstancia, de miedo, pero de enfrentamiento, de mucha firmeza de carácter y la conformidad porque con que cada gesto nuevo el desenvolvimiento de André, pienso que está llegando, y tal vez sea la dosis correcta del remedio que él necesita. Remedio-aprendizaje, remedio-medicación.

"Me preguntaron, me indagaron, me cuestionaron.

"¿André Luís tiene problema de cabeza? ¿André es autista? Respondo que no sé.

"¿Para qué discriminarlo?

"Respondo: André es especial, muy especial. Y todavía bromeo: Sabe, fulano de tal, quién estudia antropología como yo, sabe. André es tan especial que es un ejemplo de la nueva raza humana que conversará por telepatía. No tengo nada contra el autismo. Él es mi vida. Pero no combina conmigo buscarle un rótulo, a la explicación que tanto mi familia quiere oír.

"Hay muchas controversias en el caso de André Luís. A los cuatro años descubrí que André leía. Comenté con mi marido y comenzamos a preguntar palabras en los periódicos, revistas, televisión, etc. Estaba confirmado. André Luís era alfabetizado. No sé explicar cómo. ¿Y el significado? Sí, él tenía lo cognitivo avanzado para ello. Más tarde con la psicóloga que ya está con él hace cinco años fue todo confirmado. Su memoria visual es fantástica.

"Recientemente, en una escuela particular y cara en Belo Horizonte, cuando fue hecha la anamnesis, yo dije que André ya leía. Tengo certeza que no creyeron. Fueron hechas pruebas y André no leyó para ellos. Me llamaron. Compré un saco de caramelos (cosa errada que hice: comprar su lectura, pero fue la única forma, debido al poco tiempo para el teste) y fui para la prueba.

"A cada caramelo, André mostraba todo que se debía mostrar. Me recuerdo que las bocas de ellos 'no se cerraron' y la pedagoga clasificó la lectura de 'accidental'. Sinceramente, no sé qué quiere decir eso. ¿Cómo aprendió a leer? Dedé no habla.

"Saqué a Dedé de allí y está en una escuela pública en el Barrio Serra (Belo Horizonte). Seis meses después, descubrieron que André leía sin yo decir nada. He hecho con él un trabajo a parte, porque sus coleguitas no leen (pero leerán, si Dios quiere)

"Actualmente, Dedé, con nueve años, tiene dos atendimientos con la psicóloga, dos con la fonoaudióloga, uno con la evangelización, a los sábados, la escuela especial y todas las salas de recursos (psicomotricidad, artes escénicas, musicología, educación social y mil, dos mil con la madre.

"No lo dejo en paz, ni de madrugada, como siempre. Pero, con una diferencia. Ya no lo intimido para que me dé un chao. Él viene hasta mí, me da un beso muy rico, dos, tres, si pido, hablar tal', que quiere decir chao o bye. En la mañana siguiente, me responde hola, todo bien, y en el Evangelio que leemos en el hogar, al final de la oración, dice 'amén' y 'Papá del cielo'.

"Converso con él y digo siempre: 'André, usted es muy especial para mí. Usted es un niño lindo e inteligente. Muy amado. Todavía daremos unas buenas risadas de este desafío, de esta fuente de experiencia. No sé cuándo ni dónde, pero daremos, recuérdese André, usted es perfecto. No se olvide de sus amiguitos, ámelos mucho.'

"Los cantos, los songs son los más variados. La descubierta del yo, de los gestos, de todo.

"Mucho tendría a relatar, pero termino por aquí, deseando para todas las madres y padres de niños autistas, a los profesionales que lidian con ese comportamiento misterioso, todo el éxito del mundo.

"A dónde voy a llegar, no lo sé. Lo que sé es que lo haría de nuevo y no me gustaría que fuese diferente. Amo a mi hijo, amo a los niños especiales y por ellos lucharé hasta el fin de esta vida mía súper divertida. El autismo es un gran desafío, pero el amor al prójimo, el no rechazo, son desafíos mucho mayores.

"Gracias por el desahogo. Esté con Dios, mis amigos de lucha. Besos de la amiga,

"Silvânia"

Reflexiones del viejo escriba:

Tengo algo a acrecentar por mi cuenta. Como se percibe de esos testimonios escritos de alma y corazones abiertos, no estamos aquí en la presencia de personas llorosas, deprimidas, 'de mal' con Dios, por habernos 'escogido' entre millones de padres y madres, para entregarles 'sobrecitos' cerrados.

Se mostraban, al contrario, si no alegres y felices, optimistas y conscientes de la relevante responsabilidad que les fue confiada por las leyes divinas que nos guían los pasos.

Es gente optimista, decidida y obstinadamente dedicada a la noble tarea de llevar a una persona que está diferente, a un reencuentro consigo misma y una reinserción en el grupo espiritual del cual hace parte. Fueron seleccionados para trabajar y aprender en un proyecto colectivo, que involucra familiares, profesionales de la salud mental, educadores, compañeros de estudio, de trabajo, de caminada, en fin.

El eminente dr. Bruno Bettelheim, habla acertadamente en "reconstrucción de la personalidad".

Es lamentable que él sea hoy (2008), más conocido por su infeliz teoría de la "madre nevera" (indiferente y hasta hostil), que por sus numerosos insights intuitivos de desbravador de territorio no mapeado.

En la bravura de tantas personas devotadas, como aquellas que estamos viendo aquí, no hay un solo ejemplo de madre nevera. Por el contrario, fueron a la lucha, al buen combate que habló Pablo de Tarso, a fin de disputar, milímetro a milímetro, un territorio cerrado y enigmático. Madres cariñosas, incansables, las cuales sólo les interesa la victoria final, no para tomar la fuerza y la fortaleza que el dr. Bettelheim creía estar vacía, título que puso en su más conocido libro. Primero que no se trata de una fortaleza inexpugnable, como él mismo lo demostró, segundo, que el reducto nunca está vacío. Hay gente allí, y gente buena, sufrida, marcada por heridas todavía no debidamente cicatrizadas, pero en explícito proceso de cura. Cura, de verdad.

Todavía hace poco, trabajando con ese texto adicional que ahora usted lee, me encontré con la opinión de un conocido y competente médico al declarar enfáticamente que el autismo es un disturbio incurable.

Con todo respeto debido a esos devotados profesionales – y, específicamente al doctor que no deseo identificar –, el autismo no es incurable, si lo ponemos en la perspectiva y en las expectativas de los mecanismos reencarnatorios.

Es muy verdad que, en la estrecha visión de una sola y única existencia, es lo que parece, dado que son raros, casi que excepciones dramáticas, los casos de cura radical de la dolorosa, síndrome.

Al escribir el libro sobre el autismo, hace más de diez años, tomé conocimiento de apenas un caso de cura radical – el de Raun Khalil Kaufman, hijo autista del joven matrimonio Suzi y Barry Neil Kaufman. Digo eso no apenas ante el testimonio del padre, pero por haber asistido a una entrevista grabada del joven, a discurrir articuladamente y con todo el desembarazo, acerca del autismo y del drama vivido por él y por todo el maravilloso equipo que colaboró con los Kaufman.

La dra. Temple Gradin se volvió una profesional brillante y bien sucedida, sin dejar de ser autista. Más extraño aún: trabajando con sus propios y asumidos autismos, como testificó el dr. Oliver Sacks, autoridad de categoría internacional.

Puede ser, por tanto, que la gente no consiga curar nuestros queridos y queridas que están especiales, pero que ellos serán curados, no existe la menor duda. Vinieron para la vida terrena en un contexto familiar de gente dispuesta no apenas a aceptarlos, pero para amarlos incondicionalmente, con todo coraje, bravura, dedicación y convicción que todo va a salir bien y que estamos trabajando antiguos problemas humanos que quedaron en los cajones o fueron barridos por debajo de las alfombras de nuestras vidas pasadas. Paradoxalmente, son muchos los que vienen para curarnos también, de heridas espirituales de las cuales ni sospechamos.

Es comprensible que escuchemos que el autismo es incurable. Muchos de nosotros todavía pensamos que la ciencia como un todo y la farmacopea terrena, tiene que producir siempre un medicamento o una estrategia terapéutica para cada disturbio humano.

Muchos son aquellos que todavía no percibieron que en la farmacia de Dios existe un único medicamento para todos los males físicos, mentales o emocionales de las criaturas. Yo dije todos. Ese remedito es demasiado simple y, por eso, no acostumbramos a llevarlo muy a serio, pero es lo que todo cura. Usted verá en ese frasco, rótulos pomposos, embalajes sofisticados, ni bulas incomprensibles con indicaciones, contraindicaciones y riesgos. El frasco es de desarmada simplicidad y el rótulo dice apenas lo siguiente: amor. Tome siempre que su corazón lo pida. Él sabe, cuando. Pero, principalmente tome un frasco, allí en los estantes de la farmacia divina y dé unas tantas gotas a quien quiera, de que de ellas necesite. Y usted descubrirá que Dios le concedió poderes para hacer milagros.

Antes de poner un punto final en este relato, sin embargo, se vuelve necesario acrecentar algunas reflexiones actualizadoras, tanto cuanto es posible actualizar un tema como este que está siempre moviéndose de aquí para allí, en la búsqueda de un consenso, de un hilo parecido con aquél con el cual la joven y bella Ariadne[4] libró su amado del laberinto y de la muerte. El Libro Autismo – una lectura espiritual fue escrito en la última década del siglo 20 y lanzado en octubre de 1998, ancorado en la literatura especializada de la época, como se puede conferir en consulta a la bibliografía de él constante.

Al escribir estas notas, por lo tanto, diez años se pasaron y mucha cosa sucedió y mucho aún ha para suceder en términos de estudio e investigación sobre el autismo, que continúa siendo un enigmático laberinto del cual no conseguimos emerger. Nos falta el hilo de Ariadne de la realidad espiritual. O mejor, nos falta la aceptación de los conceptos fundamentales que regulan los mecanismos a través de los cuales tal vida opera a nuestro entorno. De la misma forma que la realidad material es regida por su conjunto de leyes específicas. Hace más de 2.300 años, Aristóteles percibió esa fragmentación, al identificar, sin exclusiones – al contrario, como una dicotomía operacional –, la cara material del cosmos y aquella que se coloca más allá de la física. Llamó a ésta adecuadamente de metafísica, no en el sentido que hoy predomina en circuitos menos preparados filosóficamente, como una especie de sinónimo de ocultismo, pero en su contenido real que así conceptúa Aurelio:

> 1.Filos. Parte de la filosofía, que con ella muchas veces se confunde, y que, en perspectivas y con finalidades diversas, presenta las siguientes características generales, o algunas de ellas: es un cuerpo de conocimientos racionales (y no de conocimientos revelados o

[4] Para quien no se recuerda, traigo aquí un resumen de la historia de amor que encontré en la Wikipedia: Ariadne o Ariadna es hija de Minos, rey de Creta. Se apasionó por Teseo cuando este fue mandado a Creta, voluntariamente, como sacrificio al Minotauro que habitaba el laberinto construido por Dedalo y tan bien proyectado que quién se aventurase por él no conseguiría más salir y era devorado por el Minotauro. Teseo resolvió enfrentar al monstruo. Ariadne, a fin de ayudar al amado, le dio una espada y un ovillo de hilo (hilo de Ariadne), para que él pudiese encontrar el camino de vuelta. Teseo salió victorioso y partió de vuelta a su tierra con Ariadne, aunque el amor de él para con ella no fuese el mismo que el de ella para él.

empíricos) en que se procura determinar las reglas fundamentales del pensamiento (aquellas que deben transcurrir el conjunto de principios de cualquier otra ciencia, y la certeza e evidencia que en ellos reconocemos), y que nos da la llave del conocimiento de lo real, tal como este verdaderamente es (en oposición a la apariencia).

[Cf. Ontología.]

2.Hist. Filos. Según Aristóteles (v. aristotelismo), estudio del ser mientras ser y especulación en torno de los primeros principios y de las causas primeras del ser.

3.Sutileza o transcendencia del discurrir.

Como ya tuve oportunidad de observar en otro lugar en escritos míos, a partir de los años 70 del finado siglo 20, asistimos al adelantamiento de un movimiento de ideas obviamente orquestado, que apuntaba para un componente espiritual en el ser humano. Algunos nombres: Helen Wambach, Edith Fiore, Raymond Moody Jr, George Ritchie y otros pioneros por todo el mundo, entre los cuales no podría dejar de ser incluido el eminente dr. Ian Stevenson, que dejó macizo e irrefutable testimonio científico sobre la reencarnación y la dra. Elisabeth Kubler-Ross, que, quieran o no, cambió radicalmente la cara de la muerte.

Se siguieron otros estudiosos en el transcurso de la década siguiente, la del 80, igualmente convincentes, pero la pesada inercia atrás del cual se atrinchera la masa dominante de la visión materialista, se obstinó en el rechazo a cualquier abordaje renovador que admitiese la abertura de ventanas y respiraderos destinados a ventilar conceptos y posturas que tanto anhelan por explorar el territorio espiritual de la vida.

Nada o muy poco sucedió que suscitase por lo menos una actitud más tolerante de parte del dogmatismo dominante en los circuitos académicos más conservadores. Para no se decir que nada cambió, en vez de recurrirse al cansado y obsoleto 'ocultismo', se adoptó expresión más moderna, al atribuirse a la obstinación de los interesados en tales aspectos a cosas de la New Age. O sea, tonterías de la gente un tanto o cuanto excéntrica, para decir lo mínimo. Pero en tono sarcástico de tal observación continúa siendo lo mismo.

Sucede que el libro Autismo – una lectura especial, no hace concesiones a las cautelas y exceptuaciones habituales a que recurren los que temen 'exponerse' al temido ridículo que se identifiquen como creyentes en conceptos dichos pre-científicos, tales como existencia, preexistencia y sobrevivencia del ser, bien como reencarnación y comunicabilidad entre vivos y muertos.

Esto me hace recordar más una vez, la historia que he visto en diferentes versiones y enredos, pero siempre instructiva. Es aquella del chico que estaba procurando una monedita perdida en la noche, debajo de un poste de luz, en la plaza. Interpelado por un solícito pasante dispuesto a ayudarle, informó que, en realidad, había perdido la moneda allá adelante, bajo los árboles del parque, pero ¿cómo es que podría encontrarla en aquella oscuridad?

Con todo el merecido respeto que le es debido, hay todavía mucho investigador procurando la perdida información bajo la luz de los reflectores, en sofisticados laboratorios, cuando la fenomenología dicha paranormal (otro eufemismo de fuga) está allá adelante – o allá atrás, como se quiera – envuelta en las sombras de la ignorancia erudita y del preconcepto. Tales barreras, sin embargo, donde existan, necesitan ser demolidas, a fin de abrirse camino para el futuro pasar. Y nosotros, con él. El progreso no escoge caminos ya hechos – él abre picadas donde no los hay.

Tanto cuanto puedo evaluar, siento que comienzan a soplar brisas renovadoras en la búsqueda de un componente espiritual para el ser humano, particularmente entre nuestros queridos e incomprendidos autistas. Veo eso, en dos libros recientes de William Stillman, Autism and the God connection[5] y The soul of autism[6], todavía más avanzado en la picada que el autor abriendo en la mata virgen de los preconceptos.

El primero de ellos, mereció destaque especial del dr. Larry Dossey, mi viejo conocido de Space, time and medicine, de 1982, que mucho contribuyó para iluminar algunos aspectos de las especulaciones que llevé para dentro de mi libro Alquimia de la mente.

El dr. Dossey parece hasta haber leído León Denis, al considerar Autism and the God connection...

> Un desafío colosal a las simplistas explanaciones sobre el autismo... Este libro – prosigue (ver cuarta capa) – va más allá de los

---

[5] Sourcebooks, 2006, Naperville, Illinois.

6 New Page Books, 2008, Franklin Lakes, NJ.

aspectos neurológicos. Trata de nuestra naturaleza, nuestro origen y nuestro destino – en suma, nuestra conexión con lo Absoluto, sea cual sea el nombre que se le atribuya.

William Stillman, escritor y consultor especializado en la temática del autismo es, él propio, integrante del espectro, como portador del síndrome de Asperger. A parte de eso (¿mera 'coincidencia'?), Stillman es dotado de dichas facultades paranormales, para no decir explícitamente, mediúmnicas. Su libro propone, como se lee en el subtítulo, una 'redefinición' del autismo y es considerado el primer estudio a cuidar de aspectos espirituales embutidos en esa compleja y, todavía muy ignorada síndrome. Más que eso, en vez de apuntar para el autismo como estigma o tragedia, Stillman entiende que el mundo necesita del autismo para despertar el interés colectivo por el que se pasa en la dimensión espiritual de la vida.

Autistas, a su ver – y vuestro escriba también aquí está de pleno acuerdo – no son débiles mentales ni retardados, como tantos todavía los consideran, pero seres superdotados, portadores de aguda sensibilidad y de bien definidas facultades y percepciones. Según Stillman – y más una vez estoy con él –, se vuelve impositivo presumir siempre un dispositivo intelectual en el autista, como también en el llamado idiot savant y, todavía, en los portadores de la síndrome de Down. El hecho de que ellos no consigan manifestar todo ese potencial se debe exclusivamente a limitaciones del mecanismo biológico (cuerpo físico) el cual se encuentran acoplados. Lo que, a mi ver,[7] puede perfectamente resultar de una decisión tomada antes de iniciarse el procedimiento reencarnatorio, por un rechazo a la vida en la carne, como supone la dra. Helen Wambach. O porque la entidad reencarnante desee reducir la interferencia del consciente, a fin de priorizar la actividad más noble, intuitiva, no verbal del hemisferio cerebral derecho, en el cual está conectada la individualidad, o sea, el espíritu en sí. Mientras eso, el alma (personalidad) está conectada al hemisferio izquierdo. Y, por lo tanto, de considerarse como digna de consideración y examen la hipótesis de Stillman, según el cual el autismo apunta para una nueva era.

---

7 Ver *Autismo – una lectura espiritual* y *Alquimia de la mente*, ambos de mi autoría.

Stillman informa en su libro Autism and the God connection (Sourcebooks, 2006, p. 25), que ahí por vuelta de 1990 – época en que me dediqué al estudio más profundo del autismo, en preparo para escribir mi libro – la estadística indicaba un autista para cada 10.000 niños americanos. A partir de ese punto, se verificó espantoso y mal explicado salto en la incidencia de casos.

En el capítulo número uno intitulado "The world needs autism" ("El mundo necesita de autismo") (p.33) en el libro The soul of autism, 2008, Stillman transcribe una observación de Julie Krasnow, publicada en Indianápolis Star ahí por el inicio del año de 2007, y que dice así, en mi traducción.

Con uno en cada grupo de 166 seres afectados por el autismo, no se puede decir más que se trata de una raridad. Estamos delante de una epidemia. 16 minutos, un niño es diagnosticado como autista.

Datos recogidos por el autor en la revista Time, de 6 de mayo de 2002, revelan un caso para cada grupo de 150 niños afectados por algún disturbio perteneciente al espectro del autismo. Añado por mi cuenta, que, en reciente programa de la presentadora Oprah – eso en junio o julio de 2008 – dedicado al autismo, la estadística invocada por una de las madres entrevistadas, indicaba ¡un caso en cada 96!

Hay quién alegue que esto se debe, por lo menos en gran parte, a la mejor definición del diagnóstico y su difusión por la clase médica en general, antes sin preparo para tales sutilezas. En la opinión de muchos especialistas, entretanto, eso no explica el salto cuantitativo observado. En otras palabras, sí, la mejor capacidad de diagnosis contribuyó para el crecimiento de los casos identificados como tal, pero, no hay cómo dejar de considerar que hubo en el período, un surto asombroso de casos que el factor cualitativo de diagnóstico correcto que por sí mismo no tiene cómo justificar o esclarecer.

La materia del Time estimaba en aquella época, 425.000 autistas solamente en los Estados Unidos, pero ese número está siendo corregido para 500 mil en el momento en que escribo esto en agosto de 2008. La institución conocida como CDC – www.cdc.gov – revela que en 2003 cincuenta y tres niños nacidos diariamente en los Estados Unidos, eran incluidos en el espectro autista, o sea 19.000 por año.

Algo de nuevo está, por tanto, sucediendo. ¿Qué recado todavía no descifrado nos trae la dramática expansión mundial de los casos de autismo?

William Stillman se hace preguntas semejantes a sí mismo. Y sugiere respuestas todavía especulativas, pero dignas de atención.

Una de las correspondientes del autor declara que, para ella, "el autismo es un desafío, no una derrota".

Ella está correcta. Son muchos los testimonios que Stillman recibe en su site, en internet,[8] especialmente de madres, pero también, de padres, abuelos, tíos y tías, hermanos y hermanas de autistas.

La tónica de esos millares de testimonios es la emoción y el amor, la aceptación, la lucha, jamás el desespero o la revuelta. "... ¡si el autismo no hubiese sucedido en nuestra familia – decía una lectora – yo no habría aprendido tantas cosas!"

El autismo llevó a numerosas personas a realizar cambios dramáticos dentro de sí mismos y en los seres que las cercan, a comenzar por los propios autistas en la familia, y en el ambiente en que viven. Menciono apenas algunas de ellas: Me volví más paciente, dijo alguien. O más humilde. O menos egoísta. Pasé a valorizar cosas que antes ignoraba o despreciaba. Verifiqué que lo importante en la vida no está en la disputa medio salvaje por el éxito personal y por el dinero.

Por encima de todo, sin embargo, son muchos los que se convencieron de la existencia de una insospechada realidad espiritual con el cual ni sonaban. O de una visión enteramente diversa de aquello que tenían en mente a respecto de eso. Los autistas no son débiles mentales, incapaces de entender lo que se pasa alrededor de ellos, pensar y sentir y, por lo tanto, amar y comprender que son amados. La dificultad que enfrentan no reside en comprender la vida, pero expresar – digamos – en lenguaje "nuestro" aquello que piensan y sienten.

Por eso, Stillman insistió en el territorio de su campaña la bandera de una premisa fundamental es que hay que presumir siempre en el autista, una activa facultad intelectual, usualmente superior, sensible, creativa, bien informada. Y más, que muchos de ellos son dotados de facultades explícitamente mediúmnicas. Stillman recuerda (pp. 225-26, The soul of autism) los siguientes temas suscitados por los

8 www.williamstilman.com.

autistas a partir de conocimientos y experiencias por ellos y ellas vividos: preexistencia (vida antes de la vida), premonición, telepatía, comunicación con los animales, ligación con una entidad usualmente un abuelo o abuela 'muertos', videncias de seres discarnate (desencarnados), wayward (errantes, en la terminología usada en los textos de Kardec), y ghost (fantasmas), "comunicación con seres etéreos, bondadosos, definidos por algunos como ángeles".[9] Y por consiguiente – añado yo –, reencarnación y comunicabilidad entre los llamados 'vivos' y 'muertos'.

El autor tiene, por lo tanto, buenas razones para considerar que la espantosa proliferación del autismo está suscitando inesperado interés en torno de los aspectos espirituales de la vida, lo que él entiende como el advenimiento de una 'nueva humanidad' (The soul of autism, p.55).

Tengo algunas reflexiones personales para traer al debate. Para exponerlas con embasamiento satisfactorio yo necesitaría de más espacio de lo que dispongo aquí. Mismo así, me arriesgo a algunas observaciones sumarias.

A mi entender, Stillman se refiere – aunque no con estas palabras – a un elevado contingente de pioneros que nos están demostrando ser posible que pasemos de una etapa de utilización predominante del hemisferio cerebral izquierdo, para una fase en que la predominancia podrá ser transferida para el derecho. Eso porque el izquierdo es verbal, analítico y se incumbe de las negociaciones del ser con los quehaceres más pequeños del día a día. Es a través de él que se manifiesta la personalidad, o sea, la proyección de la individualidad, que se mantiene conectada en el hemisferio cerebral derecho, no verbal, intuitivo, dicho inconsciente, donde se localizan los archivos personales de la entidad a los largo de todas sus vivencias pasadas.[10]

---

[9] Hay una vasta literatura sobre ángeles circulando por ahí, en muchas de las lenguas del mundo. Un exagero que puede presentarse a fantasías. La terminología ángel proviene, como se sabe del griego ángelos que significa simplemente mensajero y no necesariamente un ser dotado de ángel, como usado en contexto teológico. Véase, a propósito, el verbo que se traduce, en portugués, por "anunciar, hacer saber, publicar, informar, dar aviso", como se lee en el Diccionario greco-portugués, de Rudolf Bölting, Impresa Nacional, Rio, 1941.

[10] Lectoras y lectores más interesados deben leer una disertación más amplia sobre esto, en mi libro Alquimia de la mente.

Por otro lado, leemos en La gran síntesis, de Pietro Ubaldi, que el proceso dicho lógico, analítico, racional ya dio lo que tenía que dar al proyecto evolutivo del ser humano. La etapa siguiente, en el decir de la entidad que dictó el libro al profesor Ubaldi, será la de la intuición, que piensa por síntesis, libre del verbalismo limitador y de la metodología no menos limitadora de las análisis exigidas por el mecanismo del paso a paso.

Tenemos en Temple Grandin, vehemente muestras de esa hipótesis arrojada, que se proyecta en las rutas evolutivas que se abren para el futuro. Grandin, una autista asumida y genial, trabaja con la mente apoyada en el hemisferio cerebral derecho. Y por eso, no verbal, intuitiva, capaz de pensar por síntesis creativas que saltan para las conclusiones sin pasar por los fastidiosos escalones analíticos. Ella es la primera a decir que 'piensa' por imágenes y no con palabras, al mismo tiempo en que lamenta no haber cuidado un poco más de su capacidad de verbalización, que tanto que estaban interesados sus orientadores en elusivas especulaciones en torno de su id.

Aun así, ella consiguió desenvolver su evidente genialidad no huyendo de sus autismos, pero, al contrario, trabajando con ellos. Como admite con todo el candor, ella no entiende lo que se pasa entre Romeo y Julieta, ni percibe ironías o bromas, pero es capaz de rodar todo un complejo proyecto industrial, en la mente, sin ayuda de plancheta o de computadores sofisticados. Su mente privilegiada, servida por una memora infalible, sabe dónde se sitúa cada componente, hasta el más ínfimo tornillo. Cuando el sistema queda listo, o sea, construido, montando y listo para entrar en acción, ella lo prueba personalmente, sin usar el lado consciente. Si, por descuido, ella revierte para la manipulación consciente (hemisferio izquierdo), se confunde.

¿Cómo dejar de presumir en un ser de esa categoría una poderosa mente por tras del autismo apenas porque las 'limitaciones' físicas, psicológicas y emocionales no permiten que ella se exprese como nosotros, los dichos normales – aquello que su espíritu está pensando? El eminente dr. Oliver Sacks quedó tan impresionado con ella, que la incluyo en una de sus "Siete historias paradoxales", en su libro Un antropólogo en Marte.[11]

---

[11] Traducción brasilera de Companhia de las Letras, 1995, San Pablo.

Hay que considerar todavía, que a destacados genios del presente y del pasado han sido atribuidas características autistas, sin ningún empano – por el contrario –, las personas superdotadas como Charles Darwin, Albert Einstein y Bill Gates. Cuanto a mí, no me sorprendería atribuirse a componentes autistas las llamadas 'exquisiteces' o 'excentricidades' de genios, como Van Gogh, Beethoven, Salvador Dalí, Mondriani y tantos más.

No es de admirar, además, según Stillman, que 71% del público lector americano esté hoy interesado en obras sobre el autismo. Como también es de se esperar que religiones tradicionales estén siendo contestadas o, en lo mínimo, cuestionadas, especialmente cuando les falta en su ideario conceptos evidentes como reencarnación y comunicabilidad entre vivos y muertos, para citar apenas dos de ellos.

Y más: son muchos los que, sacudidos por las sorpresas generadas por casos de autismo en la familia o entre amigos y vecinos, se confunden en el trato de los problemas suscitados y traigan para las nuevas posturas ideológicas y teológicas, residuos de dogmas y enseñanzas a los cuales están habituados en el transcurso de largos años de práctica. Entre ellos, cosas que ya nacieron obsoletas como infierno, demonios, ángeles, castigo divino, unicidad de la vida terrena y otras inconsistencias y fantasías como esas.

Cabe, en este punto, una observación algo melancólica: ¡cuánta falta nos está haciendo una divulgación más amplia de la sabia, simple e inteligente doctrina de los espíritus!

Y, por fin, una paciente palabra de consuelo: Un día sabremos todos que somos espíritus. Donde quiera que estemos, en el tiempo y en el espacio, ambos infinitos, como Dios que los creó y nos crió.

Bibliografía

Anjos, Luciano dos & Miranda, Herminio C. *De Kennedy al hombre artificial.* Rio, FEB, 1975.

Amorim, Deolindo & Miranda, Herminio C. *El espiritismo y los problemas humanos.* San Pablo, USE, 1985.

Boånlting, rudolf. *Diccionario greco-portugués.* Rio de Janeiro, Imprensa Nacional, 1941.

Capra, Fritjof. *El Tao de la física,* San Pablo, Pensamento, 1986.

Dossey, Larry. *Space, time and medicine.* 1982.

Lobato, Monteiro. *La barca de Gleyre.* San Pablo, Cia. Editora Nacional.

Loehe, Franklin. *The power of prayer on plants.*

Miranda, Herminio C. *La memoria y el tiempo.* Niteroi, Lachâtre, 1994.

__________. *Autismo, una lectura espiritual.* Niteroi, Lachâtre, 2000.

__________. *Alquimia de la mente.* Niteroi, Lachâtre, 1999.

__________. *Dialogo con las sombras.* Rio de Janeiro, FEB, 1987.

__________. *Diversidad de los Carismas.* Niteroi, Lachâtre, 1993.

__________. *O exilado.* Sao Bernardo do Campo. Correio Fraterno do ABC, 1985.

__________. "Los ocho hijos que yo no quise" in *Folha espírita.* San Pablo, 1985.

Sacks, Oliver. *Un antropólogo en Marte.* San Pablo, Companhia das Letras, 1995.

Santos, Jorge Andrea dos. *Los insondables caminos de la vida.* Rio de Janeiro, Fon-Fon y Seleta, 1981.

Stevenson, Ian. *Twenty cases suggestive of reincarnation.* SPR, 1966.

Steilman, William. *Autism and the God connection.* Naperville, Illinois, Surcebooks, 2006.

Herminio C. Miranda

Herminio Corrêa de Miranda es uno de los campeones de venta de la literatura espírita de Brasil. A propósito, raros escritores nacionales consiguen tirajes tan expresivas cuanto al autor de *Nuestros hijos son espíritus* (más de trecientos mil ejemplares), de *Diversidad de los Carismas* (ochenta mil) y de otros treinta títulos, cuya venta ultrapasa con gran margen a un millón de ejemplares.

Nascido donde hoy es la ciudad de Volta Redonda, RJ, en 1920, Herminio se graduó en ciencias contables, habiendo sido funcionario de la Compañía Siderúrgica Nacional de 1942 a 1980. En ese período, pasó cinco años en la oficina de la empresa en Nova York. Originario de familia católica, Herminio se aproximó del espiritismo por curiosidad, pero sobretodo por insatisfacción con las religiones. Teniendo por guías la razón y la curiosidad y auxiliado por una sólida cultura humanística, se tornó una de las mayores autoridades en el campo de la paranormalidad y de la regresión de memoria en el país y, tal vez, en el mundo.

Instituto Lachâtre

El Instituto Lachâtre es una asociación que tiene por finalidad difundir el espiritismo, como fue definido por Allan Kardec, de manera amplia por todos los medios que estén a su alcance.

Como reflejo del pensamiento de sus asociados, el Instituto Lachâtre comprende la doctrina espírita en su tríplice aspecto – filosófico, científico y moral – y considera que todo el conocimiento humano está siempre en constante transformación y que la mayor riqueza de que dispone el espiritismo es la constante evolución de su doctrina a partir de la multiplicidad de contribuciones de todos sus participantes, sean encarnados o desencarnados. Por este motivo, el Instituto Lachâtre buscará reflejar, siempre que posible, la diversidad de pensamiento espírita en sus acciones.

Al definir la personalidad de Maurice Lachâtre, adepto del espiritismo, revolucionario, escritor y editor del siglo 19, como patrono del Instituto, se busca, entre otras cosas, defender valores vivenciados por el referido personaje, pensador que une la actividad intelectual de editor y escritor a la acción revolucionaria de transformación del mundo en que vive, que no teme rever conceptos, si los considera ultrapasados, para adoptar nuevos principios y que no busca proyectar su propio nombre para reconocimiento público, pero se dedica a difundir las ideas e ideales que cree que puedan mejorar a la sociedad en que vive, independiente de los nombres que la integran.

http://www.lachatre.org.br
Fone +55-11-4063-5354

Esta edição foi impressa em junho de 2012 pela Sermograf Artes Gráficas e Editora, Petrópolis, RJ, em formato fechado 140x210 mm e com mancha de 110x175 mm. Os papéis utilizados foram o Off-set 75g/m² para o miolo e o Cartão Supremo 300g/m² para a capa. O texto principal foi composto em Minion Pro 11,5/13,8, as citações em Minion Pro 9,5/12, as notas de rodapé em Minion Pro 9,5/12 e os títulos em Minion Pro 22/26,4. A foto da capa é de Sandra Yamashita e a programação visual da capa foi elaborada por Andrei Polessi.